"十二五"职业教育国家规划教材

经全国职业教育教材审定委员会审定

公共关系学

洪 霄 主编　　金志芳 副主编

化学工业出版社

·北京·

公共关系是现代社会组织的一项管理职能，也是组织战略重要的组成部分。它已经成为组织主动适应和协调不断变化着的内部、外部环境的重要职能。同时，公共关系通过形象和信息传播，成为组织方向性渗透、目标突破、关系沟通和解决冲突的重要手段。学习公共关系对于营销和管理人员来说势在必行。

本书共分七章，深入浅出地介绍公共关系的原理、职能、公关机构、公关对象、公关模式、公关程序、公关活动的组织、公关危机、公关传播、CIS与公关、公关礼仪等。本书融入行动导向的高职教育理念，采用项目化教学模式来组织教材内容，每章引入可实施的工作任务，加入大量的公关案例作为阅读材料，通过任务驱动和案例分析，加深学生对理论的理解和掌握。

本书可供高等职业学校和中等职业学校财经类各专业教学使用，同时也可供从事公共关系工作的人员学习和参考。

图书在版编目（CIP）数据

公共关系学/洪霄主编．—3版．—北京：化学工业出版社，2014.5（2022.1重印）
"十二五"职业教育国家规划教材
ISBN 978-7-122-19979-9

Ⅰ.①公… Ⅱ.①洪… Ⅲ.①公共关系学-高等职业教育-教材 Ⅳ.①C912.3

中国版本图书馆CIP数据核字（2014）第042356号

责任编辑：陈有华　　　　　　　　　　文字编辑：焦欣渝
责任校对：蒋　宇　　　　　　　　　　装帧设计：王晓宇

出版发行：化学工业出版社（北京市东城区青年湖南街13号　邮政编码100011）
印　　刷：北京京华铭诚工贸有限公司
装　　订：三河市振勇印装有限公司
787mm×1092mm　1/16　印张9　字数212千字　2022年1月北京第3版第8次印刷

购书咨询：010-64518888　　　　　　　售后服务：010-64518899
网　　址：http://www.cip.com.cn
凡购买本书，如有缺损质量问题，本社销售中心负责调换。

定　价：22.00元　　　　　　　　　　　　　　　　　　　　版权所有　违者必究

前言

《公共关系学》自出版以来,得到使用学校的认可与欢迎。随着高等职业技术教育近年来对教学模式、教学方法改革的深化,对配套教材也提出了更高的要求,原版教材亟须与时俱进,相应地将新的内容引入,以适应高职教育发展的需要。本次修订,总结和吸收了公共关系的相关理论,结合高等职业技术教育课程教学改革的要求,对部分内容作了一定程度的创新,引入了整合的教学任务,使教材在内容体系完整的前提下,更加适应高等职业教育的教学要求。

全书共七章。常州工程职业技术学院洪霄编写第一章、第四章,金志芳编写第二章,李冬梅编写第三章、第六章,许紫霞编写第七章,常州信息工程职业技术学院孙国忠编写第五章。全书由洪霄担任主编,金志芳担任副主编。本书在编写过程中,得到了 UPS 全球特快货运南京分公司客户总监叶斌的指导,在此深表感谢。

由于编者水平有限,书中不足之处在所难免,敬请读者和同行不吝指教,以便再版修改。

编者
2014 年 5 月

第一版前言

随着我国社会主义市场经济的飞速发展,公共关系受到了各行各业的普遍重视。进入21世纪,世界经济得到更进一步的发展,经济全球化的进程进一步加快,全球性的市场竞争日益激烈,各行各业充分运用公共关系发展经济、开拓事业。经济越发展,社会各组织的联系就越紧密,交往就越频繁,公共关系对社会组织或个人显现的作用就越来越大。良好的公共关系能够使社会组织树立良好的信誉,增加组织的发展机遇。

对于高等职业技术教育而言,应为社会提供具备专业知识和公共关系才能的应用型人才。为了适应高等职业技术教育和满足社会经济发展对公共关系教学的要求,特组织部分高职高专院校长期从事公共关系教学和研究的教师编写了《公共关系学》这本教材。

本书总结和吸收了公共关系的相关理论,结合高等职业技术教育的特点编写而成,对部分内容作了一定程度的创新,使整个内容体系更合理,配合案例分析,更适合高职教学的需要。本书有"学习指南"、"阅读资料"和"案例分析"等,对学生学习知识点、掌握基本原理方法、分析解决问题起到积极的作用。

全书共10章。第一章、第二章由沈永祥编写,第三章、第五章由洪霄编写,第四章、第十章由路世云编写,第六章、第七章由张兰平编写,第八章、第九章由王明玉编写。全书由沈永祥、洪霄主编,江苏技术师范学院缪玉林副教授主审。

本书不足之处,敬请读者和同行不吝指教,以便再版修改。

编者
2003年5月

第二版前言

　　《公共关系学》第一版于2003年出版后得到了读者的关注，加印数次。随着公共关系理论的发展，尤其是高等职业技术教育近几年由外延式发展向内涵式发展的转变，课程教学改革不断深化，教材内容需要随之调整和完善。《公共关系学》第二版总结和吸收了公共关系的相关理论，结合高等职业技术教育课程教学改革的要求，对部分内容作了一定程度的创新，引入了工作任务，使教材在内容体系完整的前提下，更加适应高职教育的教学要求。

　　全书共8章。第一章、第二章由洪霄编写，第三章由徐林编写，第四章由马丽编写，第五章由汪亚敏编写，第六章由蒋恒蔚编写，第七章由李冬梅编写，第八章由沈永祥编写。全书由洪霄、沈永祥担任主编。

　　由于编者水平有限，书中不足之处在所难免，敬请读者和同行不吝指教，以便再版修改。

编者
2009年2月

公共关系学

第一章 公共关系概述 1
教学情境设计 1
任务1 1
    任务要求 2
    任务实施步骤 2
    成果形式 2
    理论知识 2
第一节 公共关系的概念 2
    一、公共关系的发展 2
    二、公共关系的涵义及构成要素 4
第二节 公共关系的职能 6
    一、信息情报职能 6
    二、咨询参谋职能 11
    三、沟通协调职能 11
    四、公共关系纠纷 12
    五、传播外交职能 15
    六、社会交往，促进友谊 16
第三节 公共关系的组织机构和从业人员的素质要求 19
    一、公共关系的组织机构 19
    二、公共关系从业人员的素质要求 21
思考题 24
拓展训练 25
案例分析 25

第二章 公共关系模式和工作对象 26
任务2 26
    任务要求 26
    任务实施步骤 26
    成果形式 26
    理论知识 27
第一节 战术型公共关系模式 27
    一、宣传型公共关系 27

二、交际型公共关系 ·· 27
　　三、服务型公共关系 ·· 28
　　四、社会型公共关系 ·· 28
　　五、征询型公共关系 ·· 29
　第二节　战略型公共关系模式 ··· 29
　　一、建设型公共关系 ·· 29
　　二、维系型公共关系 ·· 30
　　三、进攻型公共关系 ·· 30
　　四、防御型公共关系 ·· 31
　　五、矫正型公共关系 ·· 32
　第三节　企划型公共关系模式 ··· 32
　第四节　社会组织的内部公众 ··· 33
　　一、职工 ··· 33
　　二、股东 ··· 34
　第五节　社会组织的外部公众 ··· 34
　　一、顾客 ··· 34
　　二、社区 ··· 35
　　三、政府 ··· 35
　　四、新闻界 ·· 36
　　五、金融界 ·· 37
　　六、社会名流 ··· 37
　　七、外宾客商 ··· 37
　思考题 ·· 38
　拓展训练 ·· 38
　案例分析 ·· 38

第三章　公共关系工作程序及活动组织 ·· 41
　任务3 ·· 41
　　任务要求 ·· 41
　　任务实施步骤 ··· 41
　　成果形式 ·· 42
　　理论知识 ·· 42
　第一节　公共关系工作程序 ·· 42
　　一、公共关系调查 ··· 42
　　二、公共关系策划 ··· 48
　　三、公共关系实施 ··· 51
　　四、公共关系效果评价 ··· 52
　第二节　公共关系日常接待工作 ··· 55
　　一、来访者接待 ·· 55
　　二、电话接待 ··· 56

第三节　策划社会赞助 ·· 57
　　　　一、社会赞助的作用 ·· 57
　　　　二、社会赞助的主要类型 ·· 58
　　　　三、组织策划社会赞助 ·· 58
　　　　四、赞助活动的注意事项 ·· 59
　　第四节　组织展览会 ·· 60
　　　　一、展览会的作用 ·· 60
　　　　二、展览会的类型 ·· 60
　　　　三、展览会的组织 ·· 61
　　第五节　庆典活动 ·· 62
　　　　一、庆典活动的形式 ·· 63
　　　　二、庆典活动的组织和安排 ·· 63
　思考题 ·· 64
　拓展训练 ··· 64
　案例分析 ··· 65

第四章　危机公关 ··· 67
　任务4 ·· 67
　　任务要求 ·· 67
　　任务实施步骤 ·· 67
　　成果形式 ·· 67
　　理论知识 ·· 68
　　第一节　危机公关概述 ·· 68
　　　　一、危机的特征 ·· 68
　　　　二、危机的类型 ·· 69
　　第二节　危机的预防和管理 ·· 70
　　　　一、寻找潜在危机源 ·· 70
　　　　二、对危机的预控和管理 ··· 72
　　第三节　危机的处理 ··· 72
　　　　一、企业危机传播的阶段及表现特征 ·· 72
　　　　二、处理危机的原则 ·· 73
　　　　三、危机处理的过程和对策 ·· 74
　思考题 ·· 77
　拓展训练 ··· 77
　案例分析 ··· 77

第五章　CIS策略与公共关系 ··· 79
　任务5 ·· 79
　　任务要求 ·· 79
　　任务实施步骤 ·· 79
　　成果形式 ·· 80

理论知识 ··· 80
第一节 CIS 概述 ·· 80
  一、CIS 的内涵 ·· 80
  二、CIS 的发展 ·· 82
  三、CIS 的组成要素 ·· 84
  四、CIS 战略的发展方向 ·· 86
第二节 CIS 战略与公共关系 ·· 86
  一、CIS 与公共关系的共同点 ·· 86
  二、CIS 与公共关系的区别 ··· 87
第三节 视觉识别系统的设计 ·· 88
  一、视觉识别设计的要求 ·· 88
  二、视觉识别系统的作业流程 ·· 89
思考题 ··· 93
拓展训练 ·· 93
案例分析 ·· 93

第六章 公共关系传播 ··· 95

任务 6 ··· 95
  任务要求 ·· 95
  任务实施步骤 ·· 95
  成果形式 ·· 95
  理论知识 ·· 96
第一节 编写公关新闻稿件 ··· 96
  一、发掘新闻事件 ·· 96
  二、新闻宣传稿的编写 ··· 97
第二节 公共关系广告宣传 ··· 98
  一、公共关系广告的特点和类型 ·· 99
  二、制作和推出公共关系广告 ·· 101
  三、公共关系广告效果的测定与评判 ·· 106
第三节 开展网络公共关系 ·· 109
  一、网络公共关系选择 ··· 109
  二、网络公共关系实施 ··· 111
思考题 ··· 112
拓展训练 ··· 113
案例分析 ··· 113

第七章 公共关系礼仪 ··· 115

任务 7 ··· 115
  任务要求 ·· 115
  任务实施步骤 ·· 115
  成果形式 ·· 115

理论知识 ·· 116
第一节　公共关系礼仪概述 ··· 116
　　一、公共关系礼仪 ··· 116
　　二、社交方式 ·· 116
第二节　商务交往礼仪 ··· 117
　　一、见面与介绍礼仪 ··· 117
　　二、交谈礼仪 ·· 119
　　三、就餐礼仪 ·· 124
　　四、礼品礼仪 ·· 126
第三节　外事往来礼仪 ··· 127
　　一、维护国家利益，严肃外事纪律 ··· 127
　　二、严格遵守礼宾次序 ·· 127
　　三、外事迎送礼仪 ·· 130
　　四、充分尊重外宾的风俗习惯 ··· 131
　　五、与外国人交往要遵循"不必过谦"和"女士优先"的原则 ························· 131
思考题 ·· 131
拓展训练 ··· 131
案例分析 ··· 132

参考文献 ·· 133

第一章 公共关系概述

知识目标

1. 了解公共关系的发展情况
2. 理解公共关系的含义及构成要素
3. 理解公共关系的组织结构
4. 掌握公共关系的六大职能
5. 掌握公共关系从业人员的素质要求

能力目标

1. 能运用现代公共关系观念分析现实公共关系问题
2. 能根据需要设置公关部门的组织机构

教学情境设计

  恒大有限公司❶是一家立足上海、辐射华东的商品零售（兼部分商品生产）的企业，主营业务是餐炊灶具、卫浴用品、日杂日化用品、日用小五金、箱包皮具、副食品、家用电器、图书音像制品等。该公司业务经营模式包括百货商店、超级市场、便民超市等。为了更好地与企业公众进行沟通，塑造企业良好形象，提高公司在社会公众中的影响，公司准备设立公关部门。为此，公司从人才市场招聘了从业务经理至业务员等各类员工，员工均需签订为期半年的试用合同，完成不同岗位的工作任务考核。在此情境中，教师为恒大有限公司公关部门经理，负责对实习人员的培训和考核工作；学生为恒大有限公司公关部门实习人员，须在试用期内完成指定的任务。在工作任务考核实施时，根据项目任务的需要，将全体实习人员分成若干工作小组，每个小组 4～5 人，各小组民主推荐一名组长，由组长组织和协调本组人员完成具体任务。部门经理根据考核要求对每个实习人员进行考核，试用期满，考核成绩合格者方可正式加入恒大团队，考核成绩优秀的可聘任为业务经理。

任务 1

  恒大有限公司公关部门成立之初，还没有完全走上正轨，很多事务都处在摸索阶段。因

---

❶ 恒大有限公司是因课程教学需要而虚构的一个企业名称（下文同），如有雷同，纯属巧合。

此，为了让公关部门的运行能尽快步入正常轨道，同时为了加强新进入公关部门的实习人员的主人翁精神，公关部门召开了集体讨论会，以小组为单位对公关部门组织机构、工作任务以及管理制度等相关事务进行讨论并制订方案。

任务要求

1. 能根据企业需要设置公关部门的组织机构。
2. 能进行公关岗位工作任务描述。
3. 能制订一份公关部门的管理规章制度。

任务实施步骤

1. 确定企业的公关目的。
2. 设置企业公关部门的组织机构。
3. 确定企业需要的公关业务人员的类型和数量。
4. 制订公关岗位工作任务。
5. 制订一份公关部门的管理规章制度。

成果形式

以小组为单位，完成一份公关部门的管理规章制度。

理论知识

公共关系是一门新兴的应用学科。20世纪80年代初期，随着我国改革开放政策的实施，由计划经济向市场经济的转变，公共关系伴随着改革开放的脚步，在我国自南向北广泛传播。短短三十几年，公共关系已经得到了长足的发展，取得了令世人瞩目的成就。企业和社会组织不仅不会提出是否需要和接受公共关系这样的疑问，而且公共关系已成为现代企业管理必不可少的重要方式。众多有识之士认为，一个组织的良好的公共关系是一笔珍贵的"无形资产"，经营好这笔"无形资产"可以使有形资产保值、增值，创造出仅靠财物的力量无法创造的效益，这已为大量的事实所证明。因此，作为当今21世纪的青年学生，学习研究好公共关系，是面对市场经济的激烈竞争现状所进行的必要知识准备，对我国实现小康生活的社会主义现代化建设，对个人事业的成功，都将是十分有益的。

第一节 公共关系的概念

一、公共关系的发展

公共关系起源于美国，是美国商品经济和大众传播事业发展的产物。第二次世界大战后进一步在西方兴起。在当今信息化时代，任何经济、政治、文化或社团组织要获得公众和舆论的了解、理解、信任与支持，都必须重视公共关系这种组织沟通、传播的观念和方法。因此，公共关系在西方受到普遍的重视。

随着外商对华的投资和贸易，西方先进的科学技术与管理方法也逐渐被引入。我国公共关系的发展始于20世纪80年代初。在对外开放政策的实行下，经济特区及沿海开放城市（首先是广东）直接从国外引进了公共关系这种新的经营管理职能。它以实践的形态传进我国后，很快引起企业界的兴趣和重视，在市场经营与企业管理实践中进行模仿和探索，从客观上推动了公共关系学理论研究与教育的发展。作为现代新兴的思想理论和社会职业，公共关系首先是以一种公关实务的面貌（即新的经营管理方法和技术），率先在中国沿海开放城市（如深圳、广州等）中外合资的宾馆、饭店和旅游业兴起的。这些服务性的企业依照国外现代企业的模式设立了公共关系部，开展公关业务。这些公共关系部中，多数是由在海外受过公共关系训练的人担任经理。1980年中港合资的深圳蛇口华森建筑设计顾问公司率先成立，这是我国第一家公共关系性质的专业公司，它的主要经营职责是适应特区建设的需要，提供经验与技术。随后公共关系迅速传播和延伸到北京、上海等大城市。例如，广州花园酒店聘请美国企业管理硕士林美玲女士担任公关部经理；北京长城饭店的第一任公关部经理是美方经理露丝·布朗女士，并且制订了《长城公共关系指南》；广州中国大酒店第一任公关经理是美籍华人田士龄小姐等。国有企业第一个设立公共关系部的是广州白云山制药厂。1984年白云山制药厂设立公关部以后，就每年拨出总产值的10%作为"信誉投资"，以提高企业的知名度。同年12月，《经济日报》以"如虎添翼"为标题，报道了广州白云山制药厂公关工作的成功经验，并编发了"认真研究社会主义公共关系"的社论。之后，《文汇报》《北京日报》《广州日报》等30多家报刊先后报道、介绍了我国公关事业的新兴和发展状况。

公关活动的另一重大发展是1986年我国第一家公共关系专业公司——中国环球公关公司在北京正式成立。公关活动由设立公关部到专业公司成立，表明公共关系已作为一种社会性的职业活动被人们接受，从而使中国公共关系的发展进入了一个新的历史阶段。1987年7月，中国公关协会成立。1988年9月，全国省市公共关系组织第二届联席会议在西安通过了《中国公共关系职业道德准则（草案）》，这标志着公关已推广到全国各地和各行各业，同时，也说明公关向更加规范、更加专业化的高目标、高层次方向发展。最能反映这一高层次发展特征的就是中国环球公关公司所走的公关专业文化之路。1985年8月，世界上最大的公共关系公司——博雅公司与中国新华社中国新闻发展公司签订合作协议，揭开了中国公关事业崭新的一页。与博雅合作的7年间，中国环球公关公司都是以博雅公司在中国的代理身份开展公关业务的。1992年底，"环球"毅然结束和"博雅"维系7年之久的合作关系，完全凭借自己的智慧和努力，闯出了一条中国职业公关公司的专业化新路。公共关系的专业化不是光凭几个点子所进行的即兴单项式的策划或组织几次大型的公关活动。专业化的公关公司实际上是把公共关系作为企业战略管理的一个极其重要的组成部分，以顾问公司的身份与客户建立一种长期合作的伙伴关系，这种业务关系绝不是"一锤子的买卖"。因此，公关专业化之路，不仅仅是环球公司的发展方向，更是中国公关事业发展的必由之路。经过多年的艰辛奋斗，环球公司从1993年的一个长期客户都没有，到1996年底已经赢得了海内外数十家长期客户和项目客户，其中包括美国美林集团、可口可乐公司、英国GPT电讯公司、英美烟草公司、奔驰集团、瑞士欧米伽制表公司、香港九龙仓集团、广东健力宝集团、西安杨森制药公司、常州林业机械股份有限公司等中外驰名企业。1995年6月，中外八大公关公司在京签署的《对在中国开展公关业务的职业标准立场》的文件中，环球是唯一的中国专业公关公司。由此可以说明，环球公司已成长为可以与国际著名的跨国公关公司相抗衡的中国公关公司。环球公司还拥有一支业务精、素质好的公关专业队伍，并在北京、上海、香港、辽宁等地建立了一批子公司。环球公司的发展充分说明，中国公关公司作为一种新兴的智力产业，正伴随着中国市场经济的发展而奋力崛起。

二、公共关系的涵义及构成要素

（一）公共关系的涵义

公共关系一词最早出现于1907年美国《韦氏新九版大学词典》，英文"Public Relations"，缩写"PR"。Public一词有两个含义：一可以翻译成"公共的"；另一可以翻译成"公众的"。因此，公共关系也可以称为"公众关系"。"公共关系"一词在我国广为流传，因而也就成为一个约定俗成的概念为人们所接受和使用。

目前国内外对公共关系无统一的认识，公共关系定义众说纷纭，不下几百种，大致可概括为以下几种观点：

1. 公共关系是一种现代管理职能和艺术

美国《公共关系新闻》杂志认为："公共关系是一种管理当局的职能，这种职能是估量公众态度，使一个机构的政策与程序和公众利益一致，并执行一连串有计划的行为以赢得公众的了解和接受。"

长期从事公关研究的美国学者哈罗博士对公共关系的定义为："公共关系是一种独特的管理职能。它帮助一个组织建立并维持与公众之间双向的交流、理解、认可与合作；它参与处理各种问题与事件；它帮助管理者及时了解公众舆论，并对之作出反应；它确定并强调管理部门为公众利益服务的责任；它作为社会发展趋势的监视系统，帮助管理者掌握并有效地利用社会变动，保持与社会变动同步；它运用健全的、正当的传播技能和研究方法作为主要的工具。"

美国贝逊企业管理学院公共关系学系主任康菲尔德认为："公共关系是一种管理哲学，即在所有决策和行动上，都以公众利益为前提。此项原则应溶于政策之中，向社会大众宣扬，以获得谅解与信任。"

2. 公共关系是一种组织与公众之间的传播活动

1981年出版的《不列颠百科全书》将公共关系定义为："旨在传递有关个人、公司、政府机构或其他组织的信息，并改善公众对于其态度的种种政策或行动。"

英国公共关系学会1984年的定义认为："在组织和它的公众之间建立和维护相互了解的、有目的的、有计划的持续过程。"这一定义简短而清晰，强调了组织与公众之间的双向沟通和相互了解。

英国公共关系专家弗兰克·杰夫金斯（Frank Jefkins）指出："公共关系就是一个组织为了达到与它的公众之间相互了解的确定目标，而有计划地采用一切向内和向外的传播沟通方式的总和。"

在我国也有不少人持这种观点。复旦大学居延安指出："公共关系是一个社会组织用传播手段使自己与公众相互了解和相互适应的一种活动和职能。"

3. 公共关系是组织与公众相互联系的一种社会关系

世界公共关系协会1978年8月在墨西哥大会上通过的定义认为："公共关系的实施是分

析趋势，预测后果，向机构领导人提供意见，履行一连串有计划的行动以服务于本机构和公众利益的艺术和社会科学。"

美国普林斯顿大学希尔滋教授认为："公共关系是我们所从事的各种活动、所发生的各种关系的统称，这些关系与活动都是公众性的，并且都有其社会意义。"

4. 公共关系是对某一功能和现象进行描绘

（1）公共关系就是讨公众喜欢。

（2）公共关系就是信与爱的运动。

（3）公共关系就是争取对你有用的朋友。

（4）公共关系就是促进善意。

（5）公共关系就是百分之九十靠自己做得对，百分之十靠宣传。

（6）公共关系就是通过建立良好的人际关系来辅助事业成功。

（7）广告是要大家买我，公共关系是要大家爱我。

总的来说，以上这些观点虽各有偏重，但综合来看，公共关系这一概念具有以下的涵义：

一是公共关系的主体是社会组织或代表社会组织的个人，这与一般的个人是有区别的。

二是公共关系的客体是社会公众，而社会公众是由与社会组织有利益关系的个人、群体或组织所构成的。

三是公共关系的途径是利用传播手段进行社会组织与其社会公众之间的双向沟通。

四是公共关系的目标是使社会组织获得社会公众的理解、支持和合作，为组织树立良好的形象，为事业的发展创造良好的社会环境。这是公共关系的核心思想。

五是公共关系既是一种状态又是一种活动，既是一种观念又是一种实务。公共关系是状态与活动，观念与实务的统一。

（二）公共关系的要素

公共关系表现为一定的组织与相关的社会公众之间的相互关系，有别于一般的人际关系。从结构上看，它和任何社会关系活动一样，也是由"主体""对象"及联系二者的"媒介"三个要素所构成。

1. 公共关系的主体

谁进行公共关系活动，谁就是公共关系活动的主体。从事公共关系活动的社会主体，可以是一定的组织、机构、团体或个人，如企业、政府、社团等。任何社会组织都存在公共关系，都要开展公共关系活动，所以每一个组织都是公共关系活动的社会主体。

2. 公共关系的对象

社会组织和谁进行公共关系活动，谁就是公共关系的对象。公共关系的对象一定是与该组织具有直接或间接关系的组织、群体或个人，统称为"公众"。主体与对象，或组织与公众之间的地位是相对的，经常互相转换的。可以这样认为：任何组织、机构、群体或者个人都是公共关系主体，同时也是公共关系对象（公众）；绝不存在单纯的公共关系主体或单纯的公共关系对象，因为世界上不存在凡事不求人的"上帝"。

3. 公共关系的媒介

公共关系就是以一定的组织机构为主体，与相关的各界公众之间形成的社会信息沟通网络。公共关系的结构如图1-1所示。

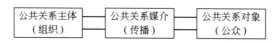

图 1-1　公共关系结构示意图

公共关系活动的媒介是公共关系主体藉以与公共关系对象联系、沟通、交往的信息传播工具。各种信息沟通工具、社会交际手段和大众传播渠道，如报刊、书籍、电视、电话、电影、图像传真、INTERNET、微波通信、大小会议等，都是公共关系媒介。媒介是从事公共关系活动不可缺少的工具。随着现代科学技术的进步，新的媒介在不断出现，公共关系主体应密切注意并加以利用。

第二节 公共关系的职能

一、信息情报职能

公共关系有四项内在要素，即：信息和交往，理解和信任，交流和合作，效率和领导艺术。信息和交往是公共关系的基础。当今社会是信息社会，信息将成为未来市场竞争的核心。公共关系工作与企业经济工作一样，要搞好它，必须及时、准确、全面地搜集、分析以及掌握、运用由内（外）部公众发出的有关信息，以把握现实、预测未来，协助组织在各项工作中处于主动地位。

（一）组织外部信息

组织外部的信息非常广泛，组织公共关系工作主要搜集产品形象信息、组织形象信息以及公众环境信息。

1. 产品形象信息

企业产品的形象是企业整体形象的基础，企业的信誉首先要有优质的产品和优质的服务，消费者了解与认识企业也是首先通过企业的产品。我国有的企业家总结企业取得良好信誉经验时说："第一靠产品的质量，第二靠宣传。"这明确地反映了上述的道理。

企业的产品形象是指企业产品在消费者公众全体或大多数人脑海中的印象和评价。当某种产品与服务进入市场后，会产生不同的反映，经过消费者公众在消费过程中对产品各方面的观察和体验，并经过消费者的互相作用之后，最后对该产品形成了统一的看法，这就是产品形象及其形成过程。产品形象的优劣，对于企业发展和生存是举足轻重的。产品的形象会形成一种社会舆论，不管是好的还是差的社会舆论，都容易为消费者公众所接受和传播。因为，它是公众倾向性的意见和综合观点，它本身是有客观依据的，产品的形象在消费者公众中形成了好的社会舆论，企业扩大市场占有率，自然兴旺发达；产品的形象在消费者公众之中产生了坏的社会舆论，长久下去企业会被逐出市场。

产品的形象是从产品的各方面体现出来的，包括产品的质量、品种、花色、规格、款式、价格、销售前后的服务等。产品的信誉是产品形象的综合性反映。如产品空有优良的质量，但价格不尽如人意或者是售后的维修、零配件供应不及时，也不能建立产品的良好信誉。所以，公共关系所收集的产品形象的信息应该从以下几个主要方面入手：

(1) 产品质量的信息

产品的质量是指产品适合一定的用途，能满足人们一定需要所具备的自然属性和物理属性，通俗地说就是产品的好坏程度。它的一般表现为结构、材质、物理化学和机械性能等内在特性，也包括产品的外观、手感、色彩、造型等外部特性。企业应该设计和制造出适合社会需要的产品的外在和内在的特性，公共关系活动所收集的即是产品的内在、外在特性是否满足了社会需求，以及满足需求的程度如何。

各种产品都各有其针对性的质量指标体系，经明确规定并形成文件作为技术标准，但消费者（特别是使用日用工业品的消费者）不是专家，不可能按产品的一整套技术标准要求作出反应，消费者所反映的产品质量形象主要从需求的功能、使用的功能和外观功能几方面作出判断。所以，公关人员收集产品质量的信息也应注重这几方面。

(2) 企业服务的信息

按照现代市场营销学的观点来分析，服务是和产品满足社会需求的效益结合在一起的，是产品的整体概念的一个重要组成部分。它是指产品在消费过程中进一步满足需求的各种措施。消费者和用户，除了考虑产品的质量各项功能外，还要求得到良好的服务。如果得到了良好的服务，即使产品质量上有些小的瑕疵也会给予谅解和容忍，不损害产品的形象。否则，产品的微瑕也会引起大的不满，损坏产品的形象。在市场竞争中企业间服务的竞争是企业竞争力的一种保证，产品质量相仿的情况下，服务竞争就起到举足轻重的作用。如果在服务行业中那就更为重要了，服务直接就是"产品"，如在旅游业是由旅游资源、旅游设施和旅游服务组成的，没有旅游服务，其他两项就根本没有任何意义。

"好色重味"的宝洁

宝洁旗下重要品牌之一的海飞丝洗发露在决定进入中国市场之前其瓶体包装设计达29种颜色，经过多次筛选之后决定用淡蓝色作为瓶体的主色调，首批5000多万瓶"淡蓝色"瓶体的海飞丝正式进入中国消费者的视野中。

然而，这5000多万瓶"淡蓝色"瓶体的海飞丝只在市场上停留了不到一周时间，之后便迅速地销声匿迹了，转而替代它们的是另一种"深蓝色"瓶体的海飞丝。从成本上来讲，海飞丝每个空瓶体的成本费用约是0.4元，这次更换瓶体颜色宝洁损失近2000万元。

洗发露还是原来的洗发露，宝洁公司缘何置千万损失于不顾，突然改变瓶体颜色？原来，仅仅是由于海飞丝的售后服务人员在进行电话回访中发现，有极个别消费者在使用过海飞丝后说，产品效果很好，但就是洗后感觉头发有点不舒服，有一点点痒。

这个很小的反面声音立即被反馈到宝洁总部，宝洁立即找到这几个极个别的消费者，对他们的体质和发型一一检测和研究，结果没有发现任何问题。原来，这只是他们的一种行为感觉和心理暗示，而这种行为感觉和心理暗示正是瓶体上的"淡蓝色"给予他们的。

事情调查清楚后，宝洁立即果断决定将之前投放市场的所有海飞丝召回，更换瓶体颜色，将浅蓝变成深蓝。果然，当"深蓝色"的海飞丝进入市场后，消费者不舒服的声音没有了，这种深蓝色一直被沿用至今。

宁愿损失千万元，也要把这种很小的声音消除，让市场统一旋律，这就是宝洁的处理方法。

2. 组织形象信息

所谓组织形象是指社会公众对组织的整体印象和评价。其综合表现是知名度和美誉度。知名度是社会公众对组织的知晓程度。美誉度表示社会公众对一个组织信任和赞美的程度。知名度大，美誉度也高，这个组织的形象是理想的形象，但不是短时间可以达到的，而要通过长期的艰苦努力。一家企业的整体形象，包括产品的质量、合理的价格、良好的服务，还包括公众对企业其他方面活动及素质的评价。

（1）公众对于组织机构及其效率的评价

机构设置是否合理、精简，运转是否灵活，部门之间是否协调，办事效率高不高等等，均会影响组织在公众心目中的形象。长期以来，有的组织机构臃肿、人浮于事、效率低下，甚至有的滥用权、乱收费，在公众中产生不良印象，影响到与有关公众的合作进程。公众对职能部门的工作作风、服务态度、办事效率等意见和评价，与组织的形象有直接关系。

（2）公众对于组织经营管理水平的评价

经营方针是否正确，决策目标是否明确，决策过程是否科学，实施措施是否有力，管理制度是否健全，生产计划是否完成，购销合同是否履约，市场预测是否准确，产品定价是否合理，广告宣传是否有效，用人是否得当，资金信誉是否良好等等。

（3）公众对于组织人员素质的评价

对决策层及各部门人员的基本素质、工作能力、业务水平、文化程度、工作成绩、创新精神、改革意识、工作作风、服务态度以及与人相处的能力等等。

（4）公众对于组织其他的评价

关于组织服务质量的评价、科研开发能力的评价、组织参与社会公益活动与社会生活方面的评价等等，也都属于组织形象方面的信息。

阅读材料

凡客达人的口碑营销

一份针对90后的随机调查显示，超过30%的年轻消费者在试衣间里拍照，然后发给亲友征求意见，甚至上传到微博等社交网站。

对于现在的年轻人而言，相比于其他的信息渠道，人际口碑传播的可信度更高，互动性更强，交流更为直接和迅速。人际口碑传播的信息也不局限于面对面的语言传播，各种购买信息、产品介绍和使用心得都能够从网络上获取。对于伴随着网络一起成长的新一代，网络搜索已经成为他们解决问题的惯用途径。

这个机会也被电商注意到。2011年3月，凡客诚品的创始人陈年公开宣布推出社会化营销平台"凡客达人"，这意味着，每一个凡客的购物者都能够成为凡客的销售员。陈年似乎希望通过上传自拍照的方式来获得"全民凡客"的效果。

据了解，达成交易后，凡客会以商品售价4%～14%不等的比例给达人分成。据凡客营销团队透露，凡客达人成立后，在2011年第四季度每月的收入超过千万元，通过用户晒单页面产生的销量占比近5%。

作为一种全新的社会化营销平台，达人店主招募通告显示，凡客达人平台面向所有网民。网民必须注册成为凡客诚品会员，并开通店铺成为达人店主。之后，店主发布搭配凡客诚品服装的照片，上传至店铺并关联相关商品，用户如果通过该店铺的照片成功购买后，店主就能获得该商品的销售分成。

在通告中，凡客诚品表示负责达人店铺的商品提供、库存、送货及售后服务。同时，凡客诚品为店铺提供后台管理系统，店主可自主查询商品的分成比例和销售收入，销售分成将直接打入店主的银行账户。

"凡客达人"体现了互联网的开放、体验、分享的核心，在这个平台上，团队把优质达人做好的搭配，呈现在凡客单页页面上。用户在查看商品信息和评论的同时，可以看到其他用户的搭配照片和心得，从而刺激用户的购买行为，促进达人在自己的人际圈子内口碑营销凡客的产品。

大量的晒单信息与销售页面关联，刺激了用户单品购买，同时为达人创造了秀自己的舞台，得到越来越多年轻人的青睐。这是一种用户参与度高的体验式营销，是较为流行的营销方式。陈年认为，凡客达人的价值不仅仅在销售方面。他认为，社会化电子商务是互联网发展的一个趋势，也将不断创造新的商业模式。

3. 公众环境信息

公共关系作为环境的"监测器"，要注意跟踪分析公众环境的变化动态，及时把环境中的各种变数反馈回来，把握环境变化中的各种潜在的趋势，预报环境中各种潜在的问题和危机，提高组织对环境的应变能力。

(1) 社会环境的动态信息

公共关系的信息功能具有宏观性、社会性，即帮助组织了解社会各个方面的动态，了解关于政府决策信息，了解搜集国家在方针政策、发展战略、中长期计划等方面新的决策以及这些决策对本组织将产生的影响。

一是关于立法信息。及时了解搜集立法机构制定或修订了哪些法律、法令、条例、规定等。

二是关于社会时尚潮流的信息。包括：社会时尚潮流的变化；这些变化是否会对企业产品或服务起到一种自然淘汰、更新的促进作用。

三是关于社区环境信息。包括：社区内增加的组织机构；社区内近期举行或即将举行的重大活动；社区订立的民规民约等。

(2) 目标公众的变化信息

一个组织的公众环境是开放系统，处于变化与发展之中，目标公众的性质、形式、数量、范围会不断调整和发生变化。公众环境的变化，必然导致公共关系工作目标、方针、政策和手段的变化。因此，必须以动态的、发展的眼光来认识自己的公众对象，随时掌握公众变化的情报资料，据此来修改原来的公众关系档案。

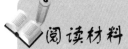阅读材料

亨氏的"母亲座谈会"

美国亨氏集团与我国合资在广州建立婴幼儿食品厂。但是，生产什么样的食品来开拓广阔的中国市场呢？筹建食品厂的初期，亨氏集团做了大量调查工作，多次召开"母亲座谈会"，充分吸取公众的意见，广泛了解消费者的需求，征求母亲对婴儿产品的建议，摸清各类食品在婴儿哺养中的利弊。之后进行综合比较，分析研究，根据母亲们提出的意见，试制了一些样品，免费提供给一些托幼单位试用；之后收集征求社会各界对产品的意见、要求，相应地调整原料配比。他们还针对中国儿童食物缺少微量元素、造成儿童营养不平衡及影响身体发育的现状，在食品中加进一定量的微量元素，如锌、钙和铁等，使食品配方更趋合理，使产品具有极大的吸引力，普遍地受到中国母亲的青睐。于是，亨氏婴儿营养米粉等系列产品迅速走进千千万万的中国家庭。

本案例侧重的是对消费者的调查研究，通过对消费者的调查，发现消费者和潜在的消费者群。亨氏集团多次召开"母亲座谈会"，充分听取公众的意见书，广泛了解消费者的需求，征求对婴儿产品的建议，摸清了各类食品对婴儿哺养的利弊，得到产品定位的信息，从而一举成功。此案例说明，企业一定要重视对消费者的调查研究，搞清消费者对产品的需求趋势，为自己的产品定位找到科学的依据，这样才可以帮助企业赢得市场。

（二）组织内部信息

组织内部公共关系是工作的基础，要卓有成效地开展组织公共关系工作，必须了解内情，有的放矢。组织内部信息主要有：

1. 组织自身发出的信息

组织的目标和指导思想、主要服务项目、组织已取得的成就等等，这些信息主要来源于组织领导人的讲话和报告、年度计划、中长期计划、工作总结、职能部门和组织成员个人汇报材料、会议记录、历史档案等。

2. 组织员工对组织的评价和反映

组织员工既了解外部公众的意见，又站在与外部公众不同的角度来评价组织，其意见是值得管理者重视的。搜集员工的要求、想法和建议及时地传递给组织领导，既可供决策时参考，又可以对员工产生凝聚力和向心力。搜集方式可采用设立意见箱或专线电话，开展民意测验，作述职报告，建立主要领导接待日，召开座谈会等。搜集员工之间的交流信息很重要，这种横向信息交流带有自发性和随意性，但信息传播速度快，影响大。要善于发现群众中的"意见领袖"，和他们交朋友，获取一般情况下不易获得的信息。

公共关系的信息情报工作,是整个公共关系工作的重要基础,它在组织的运转中具有重要意义。

二、咨询参谋职能

公共关系的咨询参谋,是指公关人员要向组织的决策层和各管理部门提供有关公共关系方面的建议和意见,使决策更加科学化、系统化,并照顾到社会公众的利益。人们经常把公关人员当作"智囊",把公关部当作"思想库",就是在于此。

(一) 关于组织形象评估的咨询

公关人员获得关于组织形象方面的信息后,应进行正确的分析评估,然后向领导层提供咨询建议。一个社会组织在不同公众心目中的形象往往不是完全一致的,这是因为公众所遇到的事情往往因时、因地、因人而异,加之公众的评价又因个人的环境、经历、价值取向等不同而带有鲜明的个人色彩,因此公关人员所提供的关于形象的评估咨询不能根据少数人的意见而定,而应体现一种公众的舆论,才能表现出这种评估咨询的准确性。

(二) 关于公众心理预测的咨询

组织要搞好与公众的关系,必须了解公众的态度和意向。于是,分析和研究公众的心理活动并向领导提供咨询建议,就成为公共关系活动的一项重要工作。由于社会环境变化迅速,公众心理状态也随之经常处于变化之中,应经常进行公众心理预测,并及时向领导层提供咨询建议,作为决策的依据。

(三) 关于社会环境变动趋势预测的咨询

社会环境的变动有时是公开的(如立法机关颁布法律法令),有时是隐晦的(如竞争对手调整发展战略);有时是突变的(如自然灾害),有时是渐进的(如社会风气的变化)。公共关系部门应像瞭望台的哨兵一样注视社会环境的变动,对发展趋势作出分析预测,并及时提供咨询建议。

(四) 关于组织方针政策的咨询

公共关系对组织方针政策的咨询建议,是从公共关系角度评估它对公众利益的利弊而提出的。公共关系部门应分析组织的此项政策会给社会带来哪些积极效果,会使公众得到哪些利益,其中哪些可能得到公众的拥护和好感,哪些可能会给公众造成危害,可能会疏远哪一部分公众,遭到哪些方面的反对。此项工作应仔细全面,要把组织的各类公众都排列出来一一分析。公共关系部门对组织方针政策的咨询建议应提出与公众利益保持一致的措施,弥补和改进领导决策的缺陷。

三、沟通协调职能

公关部在组织内部管理中介于高层决策中心与各个执行部门之间,介于各管理、执行部门与基层人员之间,其地位决定它在内部管理中肩负建立联系、沟通信息、协调行动的任务。

(一) 内部的沟通协调

一个组织的内部关系状态直接反映着组织的内部凝聚力。管理阶层与全体员工之间的关系,组织内部各个职能部门之间的关系,是组织内部形象的试金石(组织能否得到内部成员的认可、信赖和支持）；内部关系融洽和谐，意味着认可度高，信赖度强；关系紧张和摩擦，意味着管理阶层或组织的政策不得人心，不受欢迎。在决策层、管理层和广大员工之间，存在着如何加强沟通、联络感情、增进了解、相互配合的问题。解决这个问题应该是公共关系工作的一部分。

公共关系工作将组织自身的成员视为"公关对象"，尊重组织成员分享信息的权力，即知晓权和了解权。通过建立和完善组织内部的各种传播沟通渠道和协调机制，促进组织内部的信息交流，上情下达，下情上达，横向联络，分享信息。在充分的信息交流与分享的基础上，促进全体成员思想上的认同和行为上的一致，提高组织的向心力、凝聚力。

（二）外部的沟通协调

公共关系是组织对外交往的通行证和各界人士沟通的桥梁，需要运用交际、协调的手段，为组织广交朋友，发展横向联系，减少社会摩擦，缓和各种社会冲突，与外部公众建立友好、合作的社会关系，改善组织外部环境，创造"人和"的外部发展条件。公共关系部门交往对象非常广泛，除了协助有关部门处理好顾客关系外，还要致力于政府关系、新闻界关系、社会名流关系、社区关系、民间团体关系的建立，以及协调文化、教育、科技界关系等。特别是在因为企业某一工作的失误，可能或已经在公众中造成不良影响的时候，公关部门必须迅速行动，主动出击，做好工作，尽量避免或降低对企业形象的损害。

一切为了"上帝"

一名美国游客在东京一家百货公司买了一台索尼唱机，回旅馆后发觉漏装了内件。第二天清晨她正打算前往公司交涉，公司已先她一步打来电话道歉。50分钟后，公司副经理等人亲自登门鞠躬致歉，除送来一台合格的新唱机外，加送蛋糕一盒、毛巾一套和著名唱片一张。更令人感动的是，一位年轻职员又宣读了一本记录簿，上面记载着公司通宵达旦纠正错误的经过。为了找到这位美国游客，从柜台营业员及时发现"毛病"立即报告上级开始，公司上下员工艰难地抓住细微线索，曾打给这位游客在美国的亲属电话，由此探知她暂住日本的详细地址，整个过程共打了35个紧急电话后，终于见到了这位"上帝"。公司对这件事的处理好像有点小题大做，而其积极意义是不言而喻的。公司这样做，不仅避免了形象损害，而且大大提高了公司的声誉。这一事件被传为美谈，成为公关成功案例。

 ### 四、公共关系纠纷

公共关系一旦发生纠纷，公关部门应协助组织领导妥善地做好沟通协调工作，避免对组织形象的损害。

（一）处理纠纷的步骤

协调处理公共关系纠纷，一般分以下四个步骤：

1. 善意地听取意见和反映

公共关系纠纷发生后，对于来自各方面的公众来信、来访，都要耐心、认真地听取意见，表示坦诚和善意，以平息对方的怒气和偏激情绪，创造一个能平心静气交谈的气氛。

2. 查清事实真相

公共关系纠纷总是由某些事实引起的，查清事实真相是解决纠纷的关键。组织与公众发生纠纷时，往往产生对立情绪，难以接受本组织方面的调查，这时，最好委托第三方进行，效果好些。

3. 交换意见

在查清事实的基础上，与公众充分交换意见，求同存异，达成谅解。这种沟通交流可以通过新闻媒介进行，也可以请公众代表到场面对面地对话。在对话时，要作好充分准备，并做好代表的接待工作。

4. 广泛了解公众的反应

在纠纷得到处理后，要广泛通过民意测验，调查公众对引起纠纷问题的看法，了解公众的反应，以便总结工作，发现问题，进一步做好公共关系工作。

(二) 处理纠纷的原则

在处理与公众纠纷的过程中，组织公共关系工作人员应遵循以下原则：

1. 实事求是原则

这是组织公关人员处理纠纷的基本态度。公关人员要注意实事求是地听取和报道公共关系纠纷的各方意见，不要主观臆断，乱说一气。

2. 超然事外原则

在处理纠纷时，公关人员尽量采取超然态度，这样有利于缓和公众对立情绪，创造良好的谅解气氛。同时，旁观者清，做到超然事外，容易提出客观公正的解决方案，为解决纠纷奠定基础。

3. 多听少说原则

在听取意见阶段，如果事实不清，贸然发言或轻易反驳，往往起到反作用。在交流意见阶段，主要是陈述事实，以事实说话，发言过多，于事无补。尤其是当公关人员被公众当作组织方面代表时，更应多听少说，让公众尽量倾吐不满，宣泄郁闷，这样会起"降温"作用。有时在充分倾吐意见过程中，还会研究出解决冲突的办法。

4. 积极行动原则

纠纷发生后，公共关系工作人员要积极行动，及时赶到现场，查明事实。接待公众时，要尽量热情、真挚，给予帮助。

5. 协商调解原则

公关人员了解纠纷的原因后，要通过协商的手段来避免或减轻冲突。例如，与上级部门协商，使调解方案得到上级领导的支持；与纠纷对方协商，尽量避免不必要的相互损害；与组织内部各部门协商，使各部门之间相互支持，相互谅解，呈现团结合作气氛；与组织内部广大职工协商，使广大职工了解组织的方针、政策，领会领导的意图，自觉地配合组织领导做好纠纷处理工作。

你们是个糟糕的饭店

两位在西雅图工作的网络顾问——汤姆·法默（Tom Farmer）和沙恩·艾奇逊（Shane Atchison）在美国休斯敦希尔顿酒店的双树旅馆（Doubletree Club）预订了一个房间，并被告知预订成功。

尽管他们到饭店登记的时间是在凌晨两点，实在是个比较尴尬的时间段，但他们仍然很安心，因为他们的房间已经预订好了。但在登记时，他们立刻被泼了一桶凉水，一位晚间值班的职员草率地告诉他们，酒店客房已满，他们必须另外找住处。这两位住客不仅没有得到预订的房间，而且值班人员对待他们的态度也实在难以用言语表达——有些轻蔑，让人讨厌。甚至在他们的对话过程中，这个职员还斥责了客人。

这两位网络顾问当时离开了，然后制作了一个严厉但又不失诙谐幽默的幻灯文件，标题是"你们是个糟糕的饭店"。在这个文件里记述了整个事件，包括与那名员工之间不可思议的沟通。他们把这个幻灯文件电邮给了酒店的管理层，并复制给自己的几位朋友和同事看。

这一幻灯文件立刻成为有史以来最受欢迎的电子邮件，几乎世界各地的电子邮箱都收到了这份文件。这份幻灯文件还被打印和复印出来，分发到美国各地的旅游区。双树旅馆很快成为服务行业内最大的笑话，成为商务旅行者和度假者避之不及的住宿地。传统媒体的评论员们也将这一消息载入新闻报道和社论中，借此讨论公司对消费者的冷漠和网络对于公众舆论的影响力。

接着，法默和艾奇逊收到了3000多封邮件，大部分都是支持他们的。对此，酒店的管理层也迅速有礼而大度地作出反应。双树旅馆毫不迟疑地向他们二人道歉，并用两个人的名义向慈善机构捐献了1000美元作为双树旅馆的悔过之举。双树旅馆的管理层还承诺要重新修订旅馆的员工培训计划，以确保将此类事件再次发生的可能性降到最低。另外，双树旅馆的一位高级副总裁在直播网络上与法默和艾奇逊就此事展开讨论，以证明饭店认真对待此事。

从公共关系的角度来看，互联网无孔不入的威力挑战着传统的口口相传的传播方式，挑战的程度在"双树旅馆事件"中表现得再清楚不过了。互联网强大的传播能力已成为不争的事实。对此我们要给予充分关注，对互联网所向披靡之势要有足够的心理准备。

从这一事件我们可以引以为戒：

（1）培养员工的公关意识十分重要。目前不少公司的员工宁输公司的形象也不愿输理，因小失大，就源于公关意识的薄弱，看不到形象作为无形资产对于公司的巨大价值。公关不只是公关部的责任，进行员工素质培养，推行全员公关，是各种社会组织不应忽视的。

（2）公关无小事。公关危机大都是由小事件引起的，公关应从小事抓起，而不是在引起轩然大波之后再来处理方显公关水平。消除隐患，防微杜渐，是危机公关的主要原则。出现危机就手忙脚乱，无应对之策，就说明公关管理仍有漏洞。塑造形象的公关工作当从点滴做起，而现在一些企业热衷于"大手笔"，重视媒体公关，往往忽视了日常公关管理，这正是造成企业名声在外而消费者却不满意的现象的原因之一。

（3）勇于承担责任是企业公关的一种境界。公关要塑造的一个重要方面是企业的社会形象，而一个企业的形象是否表里如一，就在于其在经营活动中是否勇于承担与其形象相对应的社会责任与义务。怕担责任甚至出了事拒绝承担责任的企业是让消费者寒心的。此类行为一旦发生，必然使公司的美誉度大受损害。而是否积极承担社会责任与义务，就是真公关和假公关的区别。

五、传播外交职能

公共关系的活动过程就是一个信息传播过程和信息内外交流的过程。公关部门是组织的"喉舌"。新闻信息的发布人，既是公共关系活动的基石，又是联系公共关系主体和客体的纽带，随时准备将本组织的信息真实、准确、及时、有效地传送给特定的公众对象，开展公关宣传，为组织"推销形象"，创造良好的舆论气氛。

现代企业面临的竞争越来越激烈；消费者需求变化迅速，选择性加强；企业不仅要开拓国内市场，还要开拓国外市场。这些因素要求企业不仅要有正确的企业行为，而且必须向内外传播信息，才能达到公共关系活动内求团结、外求发展的目的。企业必须认识到，要得到社会公众的承认，既要靠产品的质量和优质的服务，也要靠宣传。我国有句俗话："光说不练是假把式，光练不说是傻把式。"

一个组织的良好舆论包括"知名度"和"美誉度"两个方面，这需要通过公共关系活动去争取和创造。例如，当一个新组织刚成立社会公众还不知晓，一个企业的新产品刚投产问世需用客户或消费顾客还不认识时，公共关系部门要精心策划专题公关活动，及时对外传播信息，为其制造声势和建立信誉，争取在公众中树立良好的第一形象，并逐步为社会所承认和了解，以提高其知名度，为树立企业良好形象打下基础。

当公众对组织的形象评价不佳，或遭遇声誉风险时，公共关系部门需要发挥"观念向导"的作用，引导公众的舆论向有利于组织的方面发展，因势利导，把握舆论宣传的主动权。

当组织有了好的形象和声誉后，需注意不断完善，努力维护和增强已享有的知名度和美誉度。

当组织的知名度和美誉度不同步发展时，宣传舆论要有所侧重。知名度不够，要设法通过大众传播媒介开展提高知名度的宣传；美誉度不高，要设法塑造良好的社会形象。

当组织形象受到损害时，应迅速查清原因，作出及时、准确的解释，澄清事实真相，尽快扭转局势。如是组织的原因，应诚恳向公众道歉，求得公众的谅解，降低负面影响，并及时公布改进措施，重塑组织形象。

丰田"召回门"公关事件

2009~2011年丰田"雪崩"式地召回汽车,累计近1000万辆汽车的多起"召回门"事件让丰田汽车感受到了前所未有的危机。在2007年到2009年初,发生过两起关于踏脚垫问题的召回,但是没有引起太多的注意。2009年12月NHTSA官员与丰田高管见面,希望丰田对汽车安全问题尽早提出解决方案。事件发生之后,丰田公司在日本首都东京举行新闻发布会,丰田章男再次对召回事件给用户带来影响表示歉意,承诺加强产品质量管理,但否认隐瞒安全问题。丰田召回事件对丰田公司产生了巨大的影响,丰田的全球品牌形象受损,信誉降低,而且美国对丰田的集体起诉已达89桩,使丰田蒙受巨额损失。

丰田在此事件中的公关无疑是失败的,表现在:

第一,在事件初期,除了在报纸上刊登召回的消息之外,丰田公司没有采取任何其他举措,没有发表任何公开声明。

第二,丰田的推诿。其实事件发生后,消费者最想听到的就是丰田总裁的回应,作为企业领导层在这时必须拿出诚意,诚实面对消费者,"取得原谅"远比"逃避"的效果好得多。但实际上丰田并没有在事发后的第一时间承担责任,置消费者和公众于不顾。

第三,丰田在面对质疑时,选择了逃避,缺乏应对危机的主动性。危机当头,没有处理好与媒体、政府、公众的关系。

六、社会交往,促进友谊

企业作为一个主体,在外界多种客体的复杂环境中运营。社会交往是企业生存与发展的重要前提条件。

(一)社会交往的类型

企业在社会交往中有物质的交往,也有精神的交往。前者指生产活动与产品的交换,没有这种交往企业无法生存;后者是感情、思想观念的交流,缺乏这种交往,企业与公众就无法相互理解。

企业的社会交往中有间接的交往,也有直接的交往。前者指通过一定的媒介与社会公众的交往;后者是指企业与公众面对面的接触与联系。间接的交往随着科学技术的发展,范围在不断扩大,但是直接的交往在信息反馈的速度及面对面的感情交流方面都存在明显的优势。

企业社会交往有横向交往和纵向交往。横向交往是与企业同一层次的社会公众的交往,如:工、商企业之间,企业与消费者之间等等。纵向交往指与企业不同层次间的社会交往,如:企业与国家行政管理部门之间,企业领导与职工之间等等。

上述的社会交往对于企业经济活动的正常运行都是必要的,其中大部分工作是通过公共关系活动进行的。公共关系活动中有较频繁的应酬与交际的活动,这不是公关人员本身的需要，而是公共关系活动的一个相当重要的组成部分。公关人员在社会交往中代表着企业，是桥梁，是纽带，使各种复杂的关系得以有效沟通，为企业扫除障碍，变不通为通，变不顺为顺。从这一意义上说，公关人员还应是社会活动家和外交家。

（二）社会交往的要素

由于社会交往关系是异常复杂的，企业公共关系活动在完成社会交往职能中，应该掌握社会交往的要素及其相互关系。一般从静态上分析，企业的社会交往包括：交往的主体、交往的对象和交往的手段。

1. 交往的主体

交往的主体是指社会交往活动的发动者，也是社会交往活动的受益者。社会交往的主体性质、目的、需要是不同的。所以，在发挥公共关系社会交往职能中，首先要根据企业的性质、目的、需要进行社会交往。它决定着企业社会交往中选择的对象及进行交往的手段和方式。生产生产资料的工业企业社会交往对象是对生产资料有需求的企业和用户，生产日用消费品的工业企业社会交往对象是广大消费者和家庭。

2. 交往的对象

交往的对象是指企业社会交往主体的客体，其性质是不同的。它又决定和影响着企业与之交往的手段与方式。企业交往的对象或与企业实现目标直接相关，或是取得其理解与支持是举足轻重的。如企业对消费者，应利用各种方式，保持经常的全方位的联系与交往。

3. 交往的手段

交往的手段是社会交往的主体为实现交往的目的，将自己的交往活动实施于交往对象的一切中间环节。企业的性质和社会交往的对象又决定和影响着交往手段。如社会交往的手段中有记者招待会、消费者座谈会、产品展览会，参加社会活动，组织各种庆祝活动，赠送产品进行试用，或组织宴会等，组织这些社交活动都是有不同的目的和邀集不同的对象参加活动的。也就是说，采用什么社会交往的手段和方式，是由企业的目的和交往的对象而定的。

阅读材料
十二种赢得友谊和思考的方式

广交朋友的意义是毋庸置疑的，但如何能广交朋友、巩固和发展友谊，却大有学问和技巧。美国成人教育家戴尔·卡耐基在他的教材中曾论及"十二种赢得友谊和思考的方式"，精辟地阐述了十二条结交朋友、赢得友谊的规则，在此作一简介，以供参考：

第1条：从争论中获胜的唯一秘诀是避免争论

十有八九，争论的结果会使双方比以前更相信自己绝对正确。你赢不了争论。要是输了，当然你就输了；如果赢了，还是输了。因此，最好永远避免跟人家正面冲突；靠辩论不可能使人服气。

第2条：尊重别人的意见，切勿指出对方错了要承认自己也许会弄错，就是避免争论；而且，可以使对方跟你一样宽宏大度，承认他也可能有错。这样，就可以避免树敌。

第3条：如果你错了，就很快地、很热烈地承认

如果你是对的，就要试着温和地、巧妙地让对方同意你；而如果你错了，就要迅速而热烈地承认。这要比为自己争辩有效和有趣得多。

第4条：以一种友善的方式开始

"一滴蜜比一加仑胆汁，能捕到更多的苍蝇。"与人相处也是如此。当你希望别人同意你的想法时，用一滴蜜赢得他的心，你就能使他走上理智的大道了。

第5条：使对方立即就说"是的，是的"

跟别人交谈的时候，不要以强调双方的不同意见作为开始，要以强调双方所同意的事作为开始。不断强调"如果可能的话"咱们都是为相同的目标而努力，唯一的差异只在于方法而非目的。这样，对方就会说"是的，是的"，他就会忘掉争执，并乐意接受你的建议。

第6条：使对方多说话

"如果你要得到仇人，就表现得比你的朋友优越吧；但如果你要得到朋友，就要让你的朋友表现比你优越。"一旦发现对方有怨气时，要尽情让他发泄，自己要少说多听，并表同情，这是"处理抱怨的万灵药"。

第7条：让他人觉得这个想法是他自己的

没有人喜欢强迫购买或遵照命令行事。如果你想赢得他人的合作，就要征询他的愿望、需要及想法，让他觉得是出于自觉。

第8条：试着诚实地从他人的观点来看事情

记着，别人也许完全错误，但他并不认为如此，因此，不要责备他，试着去了解他。别人那么想，一定有某种原因，查出那个隐藏的原因，你就等于拥有解答他的行为——也许是他的个性的一把钥匙。

第9条：对他人的想法和愿望表示同情

同情在中和酸性的狂暴感情上，有很大的化学价值。明天你所遇到的人中，有四分之三都渴望得到同情。如果你说："我一点也不怪你有这种感觉。如果我是你，毫无疑问的，我的想法也会跟你一样的。"他听了，一定会对你产生好感。

第10条：诉诸高贵的动机

我们每一个人都是理想主义者，都喜欢为自己做的事找个动听的理由。因此，如果要改变别人，就要挑出他的高贵动机。例如，你想请他为你办件事，可以向他提出："请求你帮个忙，你是我唯一可信赖并会乐意帮忙的人。"他一听很高兴，也就自觉地帮助了你。

第11条：把你的想法戏剧性地表现出来

如果你想使人们接受你的观念，平铺直叙地报告事实是不够的，必须使事实更生动、有趣而戏剧化地表现出来，才能有效地吸引人们的注意。电视、广播都这么做，你何不也试一试？

第12条：提出挑战

> 光用薪水是留不住好员工的，工作本身的竞争以及自我表现的机会，才是每个成功者所喜爱的。如果为激励士气，什么方法都不见效，不妨以"提出挑战"的方式让部门与部门之间、车间与车间之间、班组与班组之间开展劳动竞赛，激发人们好胜不服输的勇气，把意图贯彻于无形。

社交是一门很大的学问。对于任何社会组织或任何个人，朋友总是越多越好，朋友之间的友谊越稳固越深厚越好。古话说："路遥知马力，日久见人心。"组织与组织之间、人与人之间的友谊要经过时间和实践的考验，盲目的结交、深交是不可取的。

第三节 公共关系的组织机构和从业人员的素质要求

一、公共关系的组织机构

公共关系的组织机构包括公共关系部在整个组织中的位置和公共关系部本身的结构。

（一）公共关系部在组织中的位置

图1-2是最常见的公共关系部与组织关系的结构图。以某个公司为例，公司总经理一人，下设两名或三名副总经理，其中一名副总经理主管公共关系和其他若干部门的工作，公共关系部主任则向他报告。在特殊情况下，公司总经理可以直接要求公共关系部汇报工作，布置任务；公共关系部主任也可以直接向他报告工作，接受命令。

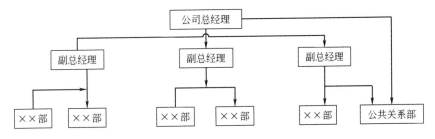

图1-2 公共关系部在组织中的位置

（二）公共关系部的结构

1. 按公共关系分类来设置

按公共关系分类来设置，其结构见图1-3。

图1-3 公共关系部的结构（1）

2. 按公共关系过程来设置

按公共关系过程来设置，其结构见图1-4。

图1-4　公共关系部的结构（2）

3. 按公共关系技术来设置

按公共关系技术来设置，其结构见图1-5。

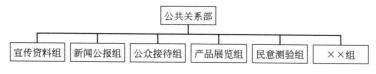

图1-5　公共关系部的结构（3）

4. 按公共关系的工作对象来设置

按公共关系的工作对象来设置，其结构见图1-6。

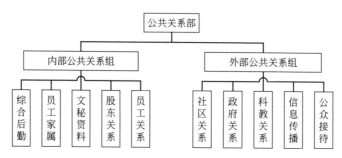

图1-6　公共关系部的结构（4）

5. 按公共关系的工作区域来设置

有些组织的工作带有明显的地域特点，如航空公司、远洋运输公司等，其公共关系部的机构设置可着重从地域来考虑。以一家航空公司为例，其公共关系的结构可按图1-7设置。

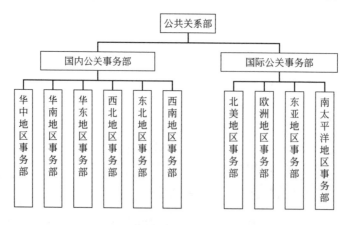

图1-7　公共关系部的结构（5）

6. 按实际需要来设置

按实际需要来设置，其结构见图1-8。

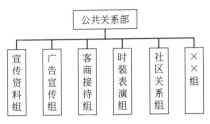

图1-8 公共关系部的结构（6）

其实，公共关系部下设科、股、室、组均可，无固定模式。一些规模较小的组织完全不必单独设置公共关系部，设有专职人员，重视此项工作即可。

二、公共关系从业人员的素质要求

公共关系工作是一项专业性、政策性很强的工作。公关人员的职业素质，是指公关人员在运用各种传播媒介、实现增强组织机构的生存能力和在公众心目中树立良好形象的目标过程中，所表现出来的知识、才能、作风、个性、修养等基本品质；换言之，即是决定公关人员从事各项活动能力的各个内在因素的总和。

公共关系学是一门综合性的应用科学，其学科体系包括了专业公关人员从事公共关系工作所需的专业知识及相关知识构成的全部知识内容。只有具备一定职业素质的人员才能胜任这项工作。公共关系从业人员的知识结构就是公共关系知识体系在其头脑中的内化。健全的知识结构不仅是公关人员基本素质的重要组成部分，而且是其创造性地开展公共关系工作的保证。

（一）知识结构

公关人员的工作具有创造性、艺术性和专业性，是一种复杂的社会活动。公关人员应既是通才，又是专才：具有广博的知识，在某一方面又有精深的学问。根据我国公共关系工作的特点和现状，作为一名优秀的公关人员应具备以下素质：

1. 基础学科知识

公共关系从业人员的基础学科知识包括哲学和思想史等。哲学是从世界观和方法论的高度对公共关系的学科研究和具体实践进行宏观指导。思想史可对认识人类社会发展历程与规律给予一定的启示。公关人员的基础理论知识越深厚扎实，其思维空间就越开阔，创造性也就越强。

2. 背景学科知识

广泛的背景学科知识，例如，管理学、经济学、写作、社会学、心理学、传播学、环境学、政治学、法学等，为公关人员提供了完整的文化知识背景，这对于提高其理论修养和分析现实问题的能力是十分重要的。很难想象，一个不懂政治或经济的人会是一个出色的公共关系专家。

3. 专业学科知识

公共关系专业的学科知识包括：公共关系基本概念、公共关系历史与发展、公共关系要素、公共关系职能、公共关系传播、公共关系协调、公众分析、公共关系策划及工作秩序、公共关系实务知识及 CI 战略等（CI 指企业形象）。专业学科知识是从事公共关系工作直接运用的知识，公关人员必须掌握这些知识并在实际工作中灵活运用，才能做好公共关系工作。

4. 相关学科知识

公共关系工作所涉及的领域是多方面的，单一的学科知识是不能满足实际工作需要的，一些与之密切相关的学科知识，公关人员也应熟知和掌握，例如：市场营销学、文化学、民俗学和人际关系学等。

5. 操作性学科知识

操作性学科知识对提高公关人员的实际工作能力有直接的帮助，如广告学、写作学、演讲学、社会调查学、计算机应用与社交礼仪知识等。

以上几个方面的学科知识，是专业公关人员所必备的。公关人员或有志于从事公共关系工作的青年学生，可通过学历教育或专业培训，获得知识补充或进行系统学习。

（二）能力要求

为了胜任工作，公关人员还应同时具备多种能力，甚至是一些特殊的技能。主要有：

1. 书面表达能力

公关人员是组织信息的接受、传递和宣传的人员，经常要与新闻媒介打交道，除了收集、整理与本组织有关的各种信息外，最重要的是把组织内部的种种信息通过各条渠道传播出去，如电传、电子邮件、新闻稿、简报、请柬、信函、贺词、调查报告、通知、计划、总结等。这就要求公关人员掌握大量词汇、句式，熟练运用语法、修辞、逻辑等知识从事写作，做到准确、简洁、生动，要求字体端正、语句流畅。

2. 口头表达能力

公关人员更多的是直接接触公众，采取面对面的方式进行传播，比如交谈、讲座、演讲、发言等。这就要求公关人员会讲标准、流利的普通话；讲话要吐字清楚、简明扼要、抑扬顿挫、有节奏感；不可啰嗦冗长、滔滔不绝或沉默寡言。交谈态度应诚恳、坦率、热情、大方；不可态度冷漠、虚情假意、言不由衷或哗众取宠；不可搞外交辞令。要讲究讲话艺术技巧，思维敏捷，反应迅速，遇到突然提问或特别情况能用准确、生动、幽默的语言表达自己的看法，反映组织的情况。同时也通过口头表达，把组织的思想、宗旨、产品、服务以至组织形象传达给内外公众，以得到他们的认可、理解和赞赏。

3. 倾听、理解能力

公关人员在开展征询性和矫正性公共关系活动中，或接受投诉、开展讨论时，要善于倾听；态度诚恳、耐心；要能从别人冗长、反复的发言中抓住要领，或从众口交加、激烈言辞中找出问题症结，分析问题，并用简洁清晰的语言加以复述，表示理解，并作出一定的解释，或提出解决问题的办法。

公众对组织的某一具体部门、具体员工有意见，往往到公关部门去发泄和抗议。为维护组织声誉，公关人员的倾听、理解能力表现为具有大度的气量、特殊的心理承受力和设身处地为别人着想的善良之心，必要时甚至代人受过，谦让对方，多从主观上找原因，通过和颜悦色的劝导，使对方气消怨散。

4. 社交能力

公关人员面对的公众是多层次、多类型的；要跟不同类型的公众打交道，而且这种交际行为又是公关人员代表一个组织或组织最高领导层进行的，故公关人员的社交活动能力应比其他任何人员都强。公关人员必须懂得各种场合的礼仪、礼节，善于待人接物，善于处理各类复杂的人际关系。公关人员在平时注意培养自己的良好性格、儒雅风度、学识修养，在社交活动中要热情、自信；注意仪表、举止；面带微笑，运用温和、幽默的语言处理公关事务。在社交活动中应对领导、同事、合作者和其他公众表示关心和尊重。注意交往的技巧、方法，并努力使自己留给对方良好的印象，建立起互相交往的基础。

5. 协调能力

公关人员不仅是信息的发布者、决策的参与者，还是环境的监察者。要随时并善于发现组织内外、组织与公众之间的矛盾和不平衡；善于发现各类公众对组织产生的误解或不信任，及时加以沟通、协调；或通过上级领导部门，或通过新闻媒介，或通过自己的劝导、游说，进行调解，以维护组织的声誉。

6. 应变能力

公关人员的许多工作可以按照计划、政策、条例、规章制度来办。但有时，一些公关活动在进行过程中，因特殊的时间、地点、条件常会出现意想不到的情况或非常规状态。公关人员要临危不乱，有遇急不慌、沉着冷静的应变能力，对各种情况迅速加以分析、判断，决定何去何从。譬如在产生失误和事故时，要积极、迅速地采取一切可能的措施，化险为夷，扭转逆势，把不良影响或损失减少至最低限度。

7. 组织能力

组织能力是公关人员从事公关活动的重要保证。在筹划一项公关活动时要深思熟虑，精心准备，制订详细周密的计划、措施，设想可能发生的种种情况；在活动开展过程中，要穿针引线、烘托气氛，应能左右逢源、应付自如；在活动结束后更要认真总结，仔细归纳得失利弊，任何经验教训都是下一次活动的基础和依据。为此，公关人员要充分发挥人力、财力、物力的作用，调动每个人的聪明才智，在每次的公关活动中既有计划性、原则性，又有灵活性、应变性，体现出卓越的组织协调能力。

8. 创造能力

公共关系工作是一项富于挑战和创新的工作。无论开展哪一种类型的公关活动，都要求公关人员具备丰富的想象力和创造力，有强烈的主体意识和主观能动性，才能引起公众的兴趣和好感，激发公众的合作意识，把公关工作做得别具一格、卓有成效，把组织的形象和声音更深入地输送到公众心目中。为此，公关人员应具有广博的知识、多样的爱好，耳聪目明、勤于思索、精于构思。只有博采众长、融会贯通，立志刻意求新，才能独创一家。

9. 审美能力

公关人员经常要设计场景，策划公关广告，布置展览会，召开招待会，购置物品，美化环境等。这就要求公关人员必须具有一定的审美能力，做到颜色、场景、空间、物品形状与展示的主题和谐、统一，既突出重点，又不忽略其他；既美观、雅致、体现新意，又经济、实惠、不铺张浪费。审美能力还表现在公关人员自身的仪表、装饰方面，优雅的服饰、得体的装束，能弥补自身不足，增添魅力。公关人员以饱满的精神状态、整洁端庄的穿着打扮投入工作，既是对别人的尊重，也反映了认真的工作态度，不仅体现了公关人员的个人品质、风貌，更体现出所代表组织的形象和管理效果。美国推销员手册上曾列有"一套好西装，一双好皮鞋，是商场上成功交易的桥梁"的警句，这足以说明服饰在经营中的重要性。公关人员的审美能力必须从理论和实践两方面来提高，要靠平时的观察、学习，长期培养、积累。

10. 操作能力

公关人员必须学会使用现代化办公和通信器材设备的能力，如会使用录音机、扩音机、照相机、摄像机、复印机、打字机、电子计算机、传真机、文字处理机，学会驾驶摩托车、汽车等，便于开展日常工作和以备一时之需。

（三）品德修养

公关人员不仅要具备广博的知识和多方面的能力，更重要的是必须具备良好的品德修养。

1. 诚实守信

公关行动中要有技巧，要讲艺术。但是，良好、稳固的公共关系却来自于公关人员的诚实和信用。诚实指对公众真诚、诚挚、实在、不图虚名，不以任何花架子去替代真心实意的交流；守信，即守信用、讲信誉，言行如一，表里一致。公关人员的信誉和信用表现在约定会晤、安排会谈、组织会议、履行合同等等都要守时、守约，接受任务必须竭尽全力，按期完成，说到做到。

2. 廉洁奉公

公关人员工作的目标是为了树立组织良好的形象，提升组织的信誉。这个目的是在为公众和社会的服务过程中体现出来的，所采取的手段也必须是光明正大的，要顾全大局。在公关活动中必须廉洁奉公，杜绝一切私利的诱惑；从组织的全局利益出发，不计较个人得失。即使在个人利益受损失的情况下也能识大体顾大局，更不能为了个人私利，影响、危害组织的声誉；或不择手段地损人利己、唯利是图。公关人员只有廉洁奉公、不谋私利，才能造福于组织、造福于公众。

3. 实事求是

尊重事实，服从真理，以事实为依据，真实全面、准确无误地传播信息，是公关人员最基本的职业道德。在公众和新闻媒介面前，公关人员既要做到不隐瞒、不夸大、不说谎，把政府的真实声音、企业和团体的真实情况介绍给大家，当发生意外，产生不利局面时，又要讲究策略，在把真相公之于众的情况下，采取一切措施加以挽救，尽量把损失减少到最低程度。当社交活动中涉及党和国家的政治、经济、军事机密和企业的商业机密时，公关人员更应从维护组织利益出发，既要坚持原则、站稳立场，绝不泄密；又要聪明机智、措辞巧妙，不伤对方的自尊；而不能为了讨好他人，或为谋求自己的私利，或为炫耀自己而出卖党和国家、企业、团体的秘密。

4. 知法守法

公关人员也是普通公民中的一员，受法律的约束，要知法、守法，还要懂得运用法律来保护组织的权益。在遇到有违法乱纪的行为时，能勇敢地站出来予以揭露、控告或制止，绝不能听之任之，更不能同流合污、知法犯法。公关人员应认真学习和掌握宪法、刑法、民法、经济法、公司法、合同法等。对从事涉外公关活动的公关人员，还要懂得中外合资合作企业经营法，以及关于进出口、外汇管理条例等等。要坚决反对行贿受贿、贪污腐败行为，维护公关职业的信誉。

思考题

1. 如何理解公共关系的涵义和特征？

2. 公共关系的主要构成要素是什么？
3. 简要叙述一下沟通协调职能，该职能对组织和公众的意义是什么？
4. 简要叙述一下传播外交职能，该职能对组织和公众的意义是什么？
5. 公共关系的组织结构有哪些类型？
6. 公共关系从业人员应具备哪些素质？

拓展训练

训练1 城市形象就是一座城市的无形资产，是一个城市综合竞争力不可或缺的要素。请你为现在所处的城市设计城市形象宣传活动。

训练2 请设计一份公司公关部门职位的招聘简章。

案例分析

案例1 家乐福之"价签戏法"

家乐福集团，欧洲第一大零售商，世界第二大国际化零售连锁集团。2011年1月中旬，据经济之声《天天315》节目连续报道家乐福玩价签戏法，价签上标低价，结账时却收高价；明明是打折，促销价却和原价相同。家乐福超市虚假促销，被消费者质问却百般狡辩。此次家乐福欺诈消费者的事件，引起国家发改委的高度重视，经查实，家乐福在一些城市的部分超市确实存在多种价格欺诈行为。虽然家乐福多次发表声明，但难以挽回消费者的信心，仍有多家店关闭。

问题：

假如你是家乐福的负责人，会怎样解决这次信任危机？

案例2 食品企业"自找"公关困境

某律师在消费当地一家颇有影响的食品企业所生产的食品时，发现产品存在严重的质量问题。于是，他与企业进行了交涉。企业接待人员同意研究后给其一个答复，但此后便没了下文。无奈，律师将有质量问题的食品拿到当地一家颇有影响的报社，将情况反映给记者。该报社遂派记者到企业进行现场采访。记者们在企业拍摄到了诸多违反国家食品生产规定的现场画面。企业领导发现后强行索要记者所拍资料未果后，将记者扣留。经当地公安人员解救，记者们在被困1个多小时后得以安全返回。事后，该报以系列报道的形式将消费者反映的有关该企业的问题，以及记者在该企业所拍摄的材料、经历公之于众，企业经营一时陷入困境。

问题：

该企业经营陷入困境的原因是什么？如果你是该企业的负责人，你如何处理此事？

第二章 公共关系模式和工作对象

知识目标

1. 理解公共关系模式的类型适用领域
2. 掌握社会组织的内部公众
3. 掌握社会组织的外部公众

能力目标

1. 能根据任务目标确定公共关系的模式类型
2. 能为企业设计公共关系类型
3. 能正确运用不同类型的公众的沟通方式

任务 2

恒大有限公司最近刚把业务扩大到本市,在大学城附近新开了一家超级市场。为配合企业营销部门做好企业形象的宣传工作,现要求业务人员根据企业面对的公众及企业的现状设计企业应采用的公关业务模式和操作建议。

任务要求

1. 分析企业的公众及企业的内外环境。
2. 明确每种公关业务模式的适用条件。
3. 明确每种公关业务模式的基本做法。

任务实施步骤

1. 将新业务人员4~5人一组,以组为单位进行讨论。
2. 讨论决定企业应采取哪些公关模式。
3. 讨论每种模式应如何来进行操作。
4. 撰写恒大企业公关模式策划方案。

成果形式

以工作小组为单位,提交企业公关模式策划方案。

> 理论知识

公共关系活动模式是公共关系的方法系统，是由一定的公共关系目标和任务，以及这种目标和任务所决定的数种具体方法和技巧构成的有机体系。模式是一种成熟的方法和思路，提示一种方向，使组织的策划和思考更加完善。公众是公关活动的对象，是组织赖以生存并发展的重要社会环境。加强组织与公众的沟通，协调组织与公众的关系，创造一个和谐、有序、高效、文明的社会环境，是现代社会组织生存和发展的前提和保证。

第一节 战术型公共关系模式

一、宣传型公共关系

宣传型公共关系，即运用各种传播媒介和沟通方法，开展宣传工作，树立良好组织形象的公共关系活动模式。根据宣传对象不同，此种模式又可分为对内宣传和对外宣传。具体形式多种多样，如：内部刊物、职工手册、黑板报、宣传窗、闭路电视、演讲会、讨论会、记者会、新产品展示会、经验或技术交流会、公共关系广告、对外开放参观、各种典礼和仪式等。

例如，青岛海尔集团总裁张瑞敏在公司创立初期，当众砸毁不合格冰箱，向消费者表示歉意的公关"广告"，极大地提高了该厂的信誉和知名度，获得了意想不到的经济效益。

二、交际型公共关系

交际型公共关系是在人际交往中开展公共关系工作的一种模式。目的是通过人与人的直接接触，进行情感上的联络，为组织广结善缘，建立广泛的社会关系网络，形成有利于组织发展的人际环境。其方式是进行团体交际和人际交往。团体交际包括各式各样的招待会、座谈会、宴会、慰问、舞会等。个人交往有交谈、拜访、祝贺、信件往来等。交际型公共关系具有直接性、灵活性、人情味。需要注意的是，开展交际型公共关系要坚决杜绝使用各种不正当的手段，而且切记这只是公共关系的手段之一，不是公共关系的目的，更不能把一切私人交际活动都作为公共关系活动。

为了构建和谐的警民关系，2008年4月28日四川省达州市开江县公安局在全省公安系统率先开设"公共关系办公室"，将公共关系学的理念引入警民关系建设中，要求民警在日常工作甚至日常生活中都要有强烈的公关意识，运用公关技巧与群众进行沟通。

> 阅读材料

人人都是公关人员

开江县公安局永兴派出所姚家坝矿区警务室魏兴德是一个老民警，履职公安形象示范岗后，老魏每天早晨8点就要往辖区的煤矿企业赶，去了解企业最近有什么需要派出所帮助，或者对公安工作有何意见，一般一天要拜访5个企业。邀请企业职工代表到派出所参观，举行警民联欢会，举办警民足球篮球赛，接待新闻媒体……这些都是老魏的职责。此外，老魏还成了企业的编外公关人员，工商咨询、预订机票、办理证照等等，他都揽了下来，免费为企业提供服务。经过一个多月的"公关"，至6月份，派出所已经收到企业感谢信二十多封。开展"亲民爱民，争当公安形象代言人"活动以来，民警公关老百姓的事例不胜枚举，仅在公共关系办公室的为民服务台账里，就记录了一百多页。永兴派出所所长程应均说，开展争当公安形象代言人活动以来，越来越多的群众主动找民警反映情况了，为派出所全面掌握辖区社会治安情况创造了良好的条件。同时，民警态度的转变促成了派出所与辖区群众之间的和谐。

三、服务型公共关系

服务型公共关系是一种向社会公众提供优惠、优质、特色服务为主的公共关系活动。目的是以实际行动来获取社会的了解和好评，建立自己的良好形象。服务型公共关系最显著的特征是有实在的行动。组织以特殊的媒介——服务来密切组织与公众之间的关系。优质的服务不能仅靠公共关系部门的工作，而是需要依靠组织中所有成员的共同努力来实现。因此，它是一种最实在的公共关系。服务型公共关系绝不仅仅限于专门的服务行业，社会上任何一种组织都能以自己独特的方式向公众提供必要的服务。

樱花卫厨有限公司每年将6只新油网如约送达每个用户家中，让千万用户永远享受"免拆洗"的轻松愉悦。每年6~8月，都会如期为客户免费上门安检，将一切隐患消弭于无形。樱花卫厨几十年来始终如一为所有用户提供及时完善全面的服务，获得了很好的口碑。

四、社会型公共关系

社会型公共关系是社会组织利用举办各种社会性、公益性、赞助性活动塑造组织形象的公关模式。其目的是通过积极的社会活动，扩大组织的社会影响，提高其社会声誉，赢得公众的支持。这种公关模式从近期看，往往不会给组织带来直接的经济效益；但长远来看，却为组织树立了较好的社会形象，为组织创造了良好的发展环境。

阅读材料

同仁堂和加多宝的社会型公关

北京同仁堂药店秉承"治病救人、扶危济困"的传统美德，急患者病家之所急，想患者病家之所想，历经沧桑，老而弥坚，不仅提供的药品货真价实，而且还为患者病家提供煎药、熬药、寄药、名医坐堂等免费服务，同时还对贫困者减免药费，对广大民众夏天送绿豆汤、降暑药，冬天送棉衣和粥，在社会公众中树立了良好的形象，其药品、员工、领导、企业的声誉等受到几代人的极力赞誉。

凉茶领导者加多宝赞助浙江卫视大型专业音乐评论节目"加多宝中国好声音"于2012年7月13日亮相荧屏，短短一周时间节目就飙升至网络最热搜索词排行榜首位，在中国综艺节目中独占鳌头。在"加多宝中国好声音"的强势播出下打造出加多宝正宗凉茶的最强音，树立了加多宝在网友和消费者心中的正宗好凉茶的形象，巩固并增强了消费者对加多宝品牌的关注。

五、征询型公共关系

征询型公共关系是以采集社会信息为主的公共关系模式。目的是通过信息采集、舆论调查、民意测验等工作，了解社会舆论，为组织的经营决策提供咨询，使组织与环境保持动态平衡。

"色拉米斯"的由来

以生产色拉调料而在世界食品工业界独树一帜的荷兰食品工业公司，其每推出一个新产品均受到消费者的普遍欢迎，产品供不应求，而成功主要依赖于该公司不同寻常的征求意见市场调查。以"色拉米斯"为例，在推出"色拉米斯"前，公司选择700名消费者作为调查对象，询问是喜欢公司的"色拉色斯"（一种老产品的名称），还是喜欢新的色拉调料。消费者对新产品提出了各种期望，公司综合消费者的希望，几个月后一种新的色拉调料研制出来了。当向被调查者征求新产品的名字时，有人提出一个短语"混合色拉调料"。公司拿出预先选好的名字"色拉米斯"和"斯匹克杰色斯"供人挑选。80%的人认为"色拉米斯"是个很好的名字。这样，"色拉米斯"便被选定为这一产品的名字。不久，公司解决了"色拉米斯"变色问题，在销售这一产品时，又进行最后一次消费者试验。公司将白色和粉色提供给被调查者，根据消费者的反应，确定颜色，同时还调查消费者花多少钱来购买，以此确定产品的销售价格。经过反复征求意见，并根据消费者意见，作了改进，"色拉米斯"一举成功。

第二节
战略型公共关系模式

一、建设型公共关系

建设型公共关系模式是指在组织初创时期或新产品、新服务首次推出时期为打开局面而采用的公关工作模式，是打基础的模式。其主要特点是能迅速提高知名度，扩大影响面。其主要做法有开业庆典、新产品促销、赠送宣传品等。

普瑞温泉大酒店的开业庆典

普瑞温泉大酒店在开业之初,为了和社会各界建立广泛的联系,为社会所认识并为同行所接纳,提高社会知名度,策划并实施了普瑞温泉文化节。联合御温泉、京瑞温泉、同济酒店、东海温泉大酒店等国内7家著名的温泉大酒店共同推出"中国八大温泉酒店环保宣言"。普瑞此次温泉文化节着力创造了一个极大的声势。首先,"环保宣言"是由普瑞倡导,联合御温泉、京瑞温泉、同济酒店、东海温泉大酒店等国内7家著名的温泉大酒店共同推出,既获得了全国同行的认可,也在全国范围内产生了广泛而积极的影响,获得了很好的社会效益。特别是文化节上,推出的第一场重头戏是由著名的加拿大皇家交响乐团举行的专场音乐会,主持人则是国内外的名流大山,这样,既显示了酒店的品位,更是把普瑞推向了全国乃至全世界。"温泉经济高峰论坛"上,珠海御温泉酒店老总朱跃东、中国名牌战略研究中心主任梁世和教授、中国科学院地理科学研究员谭建安教授,从不同的角度畅谈温泉文化与价值,他们中既有同行,又有专家,还有权威人士,因而极具鼓动性,让人产生对温泉酒店的向往与需求;而"温泉科普知识广场秀"则用精彩的文艺节目、互动的游戏环节吸引市民,让众人乐在其中,因而颇具参与性,让人感受到普瑞的好客与热情。这样一个温泉文化节,从专家名流到普通市民,从严肃主题到大众文化,无一不引起人们的密切关注,普瑞温泉酒店的名字也就自然为人所知晓了。

二、维系型公共关系

维系型公共关系是一种通过各种传播媒介,以较低的姿态,持续不断地向公众传递组织的各种信息,推动公众对组织有更新更深的认识与了解的公关模式。

维系型公共关系模式的目的是不断巩固企业形象。此模式一般用在组织的发展期。

北京麦当劳各分店每年推出大量与儿童相关的丰富多彩的公共关系活动,也是通过不断加深儿童对麦当劳的印象和好感,从而维系了企业与孩子的父母——真正的顾客之间的关系。

想一想:你身边的超市、银行等企业是如何维护他们客户的关系的?

三、进攻型公共关系

进攻型公共关系是一种在组织与环境之间发生严重不协调时,以攻为守,以积极主动的方式改造环境、创造局面的公关活动模式。

天然水与纯净水之争

2000年4月24日，农夫山泉突然宣布公司退出纯净水市场，而只做天然水，同时在中央电视台推出一则广告，以水仙花的生长来强调自己的诉求点，认为天然水比纯净水更有益于健康。5月25日，又紧锣密鼓地开展"争当小小科学家"活动，倡议小学生进行天然水、纯净水比较实验。这一举措引发了中国水市场的一场大战，也因此引发了以娃哈哈为代表的诸多纯净水厂家之间的系列矛盾。媒体对此争相报道，并给纠纷双方提供辩论的舞台。全国同仁更是密切关注，并积极参与讨论。这一场战役打得有声有色，深入人心。农夫山泉的名字从此几乎家喻户晓。

农夫山泉的行为很典型地属于进攻行为。当时农夫山泉、娃哈哈、乐百氏三大品牌本来一直在市场上的占有率相差无几，但在后两者都与法国达能合资之后，农夫山泉自然感到了压力和威胁，于是情急之下主动出击，先发制人。

 四、防御型公共关系

防御型公共关系是组织针对或防御经营和管理上可能出现的"失调"或"危机"而采取的一种公共关系模式。其出发点是抓住潜在公众形成的时机，及时寻找对策，把问题消灭在萌芽状况，并借此作为宣传组织形象的契机。

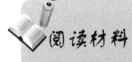

春秋国旅 "先旅行后付款"

2013年10月1日新旅游法开始实施，所有的旅游行程中不再有自费项目和购物点，导游不得吃回扣，不得索取小费。再加上推出的时机为旅游旺季，十一黄金周出游价格全面上涨，出境游和长线游涨幅尤为明显。面对旅行社报团价格的大幅上涨，黄金周团队和散客的出游人数骤减。为了应对这一新局面，常州景尚旅业春秋国际旅行社于10月16日召开新闻发布会，掷出一枚重磅弹：凡报名春秋国旅制定"一定行"线路的游客，可以享受"先旅行后付款"。行程单的游客须知，细致到大巴司机的驾龄、途中用餐的菜名、住宿的条件、宾馆的位置。具体的操作模式为旅途中游客满意一项评价一项，旅游结束付款，不满意的项目可以不付费。春秋国旅的这一做法第一天宣传出去就吸引了很多市民的关注，不少市民来电咨询。

五、矫正型公共关系

这是一种在组织形象发生严重损害时,所采取的一系列有效措施,协同组织的其他部门,挽回组织声誉的公关模式。矫正性公共关系的主要功能是纠正或消除损害组织形象的因素,恢复公众对组织的信任。矫正型公共关系一般有两种情况:一是由于外在的某种误解、谣言甚至人为的破坏,损害了组织的形象;二是由于组织内在不完善而导致外部公共关系的严重失调。

开展矫正型公关活动最关键的是要反应迅速,处事冷静,以对公众负责的态度处理危机,这样才能把危机造成的负面影响减到最低,甚至可能使自身的形象得以提升。

戴尔的笔记本召回事件

2006年8月14日,戴尔突然宣布,将召回410万块可能引起着火事故的笔记本电池,该电池由索尼公司生产。十天之后,即2006年8月25日,苹果宣布召回180万块笔记本电池。9月下旬,索尼集团高层在极短的时间内作出了一项重大决定,即"针对使用了索尼制造的锂离子电池芯的特定笔记本电脑电池组,在全球范围内启动更换的计划,以消除最近由于电池过热事故而引发的担忧"。索尼公司宣布,此次涉及更换的电池数量达960万块,包括联想、东芝、富士通、日立、夏普以及索尼的VAIO等全球知名笔记本品牌均在该项索尼的"自主更换"计划之列。10月,索尼高层在日本召开新闻发布会,向用户鞠躬致歉。同月,索尼集团董事长兼首席执行官霍华德·斯金格爵士访华,并接受中央电视台《高端访问》栏目的访谈。该节目播出后,获得了公众的好评,有效地修复了索尼受伤的品牌形象。此次事件通过公关部门的有效处理,几乎所有的笔记本电池大客户都留了下来,并成为索尼更为紧密的业务伙伴。而在中国,负责电池业务的部门不仅成功地留住了所有大客户,在长达数月极其严峻的舆论环境下,依然达到了原定的财年业务目标。时到2007年秋,索尼中国的电池业务比"电池事件"发生之前还有了进一步的增长。

以上五种战术型公共关系模式和五种战略型公共关系模式,在策划时可以根据实际情况交叉组合使用。任何一种战略型公共关系模式都可以与五种战术型公共关系活动模式中的任一种或几种同时使用。任何一种战术型公共关系模式都可以服务于任何一种战略型公共关系模式。一切都要从组织的具体需要和条件出发。

第三节 企划型公共关系模式

所谓企划型公共关系模式是指把企划与公关相结合的一种工作模式,是一种新的思路,即从企业的现状和整体发展需要出发,激发创意、制定目标、解决问题的系统策略规划。企划型公共关系模式与传统公关模式的最大不同是:传统公关常常只负责把好的形象传播出去，是追求"99＋1＝100"的效应，因而外界常常把公共关系、广告误解为包装。企划型公关就是要否定这种误解。企划型公关强调先把自己的实体策划好，然后再传播出去。目标要定位在创名牌，着力进行建设，然后才是形象传播。企业型公关策划内容主要包括：

（1）用"木桶的短板效应"理论检查组织现状，不论硬件、软件的问题都要找出来，不能只考虑形象的问题，形象是实体的反映。

（2）在产品与管理创新、服务改善上下功夫。

（3）争取获得国际、国内权威部门资质认可，建设组织的无形资产。

（4）通过导入 CIS，建立新理念，用全部公关模式与手段，用整合传播的方法把形象传播出去。

因此，企业型公共关系模式是一种完善自我的、实战的、综合的模式。

第四节 社会组织的内部公众

由于社会组织具有多样性和复杂性，我们不可能逐一对其公众进行分析。现以公共关系应用最多的企业组织为模板，从内部和外部两个方面对组织的主要公众进行分析说明。

一、职工

职工是指企业的全部构成人员，包括一线操作工（对商业企业来说是指营业员）、技术人员、行政后勤、管理人员等。职工是内部公关的主要对象，同时也是外部公关的主体之一，这种双重角色，使得职工在公共关系中的地位尤为重要。

职工是企业生存和发展的基本力量，企业的工作都需要依靠职工的合作努力才能完成。要想调动全体职工的积极性，必须真正尊重职工的人格尊严，为他们提供一个发挥个人才能、实现人生价值的舞台，营造融洽的家庭式气氛，增强职工的主人翁意识，为职工提供优厚的福利待遇和终身保障，使他们获得认同感、归属感、自豪感和幸福感。

职工也是企业组织对外公关的生力军。职工是组织与外部直接接触的触角，其言行举止不同程度地代表着组织形象，所以他们是站在对外公关第一线的人。当一个组织职工的积极性被广泛调动起来的时候，他们就会主动热情地充当对外公关人员的角色，这时组织对外公关的成功才能有最大保障。

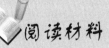

谷歌完善的员工福利制度

谷歌公司认为公司的创造力在于员工，公司要对员工负责，让他们长期留在公司，为公司服务。对于员工，谷歌有着较为完善的福利制度，包括免费三餐、免费医疗、滑雪旅游以及洗衣服务等，同时还为员工个人培训提供补贴。此外，谷歌还允许工程师们将20%的工作时间用于自己喜欢的项目，此举是为了鼓励员工开发新产品，以减少公司对互联网搜索广告业务的过度依赖。除公司布置工作之外，很多员工还能拿出额外的、让公司意想不到的新产品。其中，大部分小创意都出自那20%的自由时间，比如Gmail、谷歌NEWS等。除此之外，公司还提供免费的班车和渡轮服务接载雇员上班，这些交通工具上都有无线互联网服务，使员工在上下班时也可以工作。在谷歌，工作就是生活，轻松愉快的工作环境成为创新意识的孵化器，造就了无穷的创造力。

二、股东

股东是股份公司股票的持有者。他们是企业的投资者，依法享有一定的权利和义务。从持有公司股份这一特点来看，股东是企业的内部公众。但是，从行政隶属关系来看，绝大部分股东并不是属于企业内部成员。因此，我们也可将股东公众看作企业的外部公众。

按照不同的标准，股东可以有不同的分类：按股东在公司中的地位不同，分为普通股东和董事会成员股东；按照股票归属对象不同，可以分为国家股股东、法人股股东、外资股股东、自然人股东；按持有股票的多少，可以分为大户股东和散户股东。

股东是公司资产的真正主人，与公司利益密不可分。良好的股东关系可以为企业赢得更多的投资者，保持公司股价的稳定和上升，还可以通过广大股东的"口碑"作用，扩大企业的知名度和美誉度，在更大范围内树立良好的企业形象。

要建立和保持良好的股东关系，股份公司必须尊重股东的权益，经常、及时地与股东沟通，特别是经营状况、发展规划、资金状况和债务情况等要真实、不欺瞒，以赢得股东的信任，坚定股东的信心。

阅读材料

美国通用食品公司股东的圣诞礼物

美国通用食品公司，每逢圣诞节便送给股东一套本公司的罐头样品，股东们得到礼品后十分高兴，还把这些产品推荐给自己的朋友。他们一般在圣诞节前就准备好一份亲朋好友名单寄给公司，由公司按名单把罐头寄出作为圣诞礼物。因此，每到圣诞节前，通用食品公司都要额外收到一大批订单，股东们享受到了优惠价格，公司也赚取了利润。

第五节
社会组织的外部公众

一、顾客

顾客是指与工商企业保持购销和服务等关系的具体对象，是最主要的外部公众。这里，顾客的含义是广义的，它不仅包括狭义上所指的生活资料的购买者和各种服务的享受者，而且包括生产资料供应者、各种服务的提供者和其他业务对象。

企业与顾客之间存在着相互依存的关系。企业为顾客提供所需的物质产品、精神产品或服务，而企业的生存和发展离不开顾客的信赖和支持。良好的顾客关系是企业发展的"原动力"。随着市场经济的发展，企业间竞争的加剧，对每一个企业来说，顾客关系都是非处理好不可的关系。常言道，"顾客就是上帝"，这不是一个空洞的口号，必须赋予它实在的内容。要处理好与顾客的关系，不但要为顾客提供质优价廉的产品，提供满意的服务，还要及时沟通，甚至帮助顾客渡过难关，从而与顾客建立一种相互信任、相互支持、风险共担的良好关系，最好达到共存双赢。

谢谢你想到了我们银行

一天，一位陌生的顾客走进豪华的美国花旗银行营业大厅，只是要求换一张崭新的100美元钞票，准备当天下午作为礼品用。花旗银行是世界最大的银行之一，每天的营业额高达数亿美元，业务十分繁忙。但接待这位陌生顾客的银行职员微笑着听完这位顾客的要求后，请他稍候，立即先在一沓沓钞票中寻找，又拨打了两次电话，十几分钟后终于找到了一张崭新的钞票，并把它放进了一个小盒子递给这位陌生顾客，同时附上一张名片，上面写着："谢谢你想到了我们银行。"事隔不久，这位偶然光顾的陌生顾客又鬼使神差地回来了，这次来是在这家银行开立账户。在以后的几个月中，这位顾客所在的那家律师事务所在花旗银行存款25万美元。

二、社区

社区指人们生活、生产和社会活动相对集中的区域。公共关系中所指社区关系，是指一个社会组织与社区内的其他组织和居民的协调关系。作为社会组织生存和发展的客观环境，社区对社会组织的影响表现为多个方面，例如：商店、学校、邮局、医院、机关等为企业的职工提供便利条件，社区公众可能就是该企业的顾客和劳动力来源等。所以，企业应该树立强烈的社区意识，加强与社区公众的双向沟通，利用企业自己在技术、资金、人才、设备、设施等方面的优势，为社区多办实事，办好事，促进社区的繁荣，充分体现企业的社会责任感，赢得社区公众的好感，获得良好的"口碑"，为企业创造最佳的发展环境。

例如，美菱集团投资1000多万元修建"美菱大道"的义举，体现出"美菱"强烈的社区意识，赢得了公众的交口称赞，大大提升了企业形象。

三、政府

政府是国家权利的执行机关，是每个社会组织都必须面对的外部公众。任何组织都不能超越政府的管理。与政府机构及其工作人员建立良好关系，是为了争取政府对企业的了解、信任和支持。政府的认可和支持将是最具权威性和影响力的认可和支持。

处理好社会组织与政府的关系，主要应从以下几个方面着手：

① 严格遵守国家的方针、政策、法律法规和行政命令，做一个"合法公民"。这是处理好组织与政府关系的基础和前提。

② 主动配合上级主管机关的工作，及时、如实地汇报工作，积极配合检查、监督。

③ 按市场规律组织生产和服务，提高经济效益，为国家多作贡献。

四、新闻界

新闻界是指专门掌握和运用大众传播媒介的社会机构和组织，主要包括报社、杂志社、电台、电视台等。其主要工具是报纸、杂志、广播、电视等。新闻界公众是公共关系工作对象中最敏感、最重要的一部分，是对外传播的首要公众。因为新闻界是社会舆论的权威性组织，取得了社会公众的广泛信赖，具备最广大的信息传播对象，能够在最短的时间内把最翔实的信息传播出去，因而得到新闻界的了解、理解和支持，就能帮助企业迅速与目标公众沟通，形成对本组织有利的舆论气氛，从而树立良好的组织形象。

要处理好社会组织与新闻界的关系，可以从以下几个方面着手：

1. 积极主动地与新闻界取得联系，并保持经常沟通

在现实工作中，组织与新闻界之间是相互需要、相互支持的关系。一方面，组织需要借助新闻媒介来形成舆论，塑造形象；另一方面，新闻界需要取得社会各界的支持，以获得大量的准确的新闻信息。组织特别是其公关人员应积极主动地与新闻界保持联系，及时向新闻界提供新闻素材，特别是有关本组织的信息，最好能撰写成合格的新闻稿件。这样，就能在不断的工作配合中取得新闻界的理解、信任和支持。

2. 充分尊重，以礼相待，一视同仁

新闻传播要求客观真实，扬善抑恶，所以在进行采访报道的时候，不管是对本组织表扬还是批评都要积极配合，充分尊重新闻工作者的合法权利。要以礼相待，不能封锁消息、设置障碍甚至大打出手，激化矛盾。特别需要注意的是，以礼相待还表现在对于层次级别不同的新闻单位和记者，要一视同仁，平等相待。

3. 与新闻界合作坚持实事求是、快速高效的原则

不管是新闻界来采访还是组织主动向新闻界提供新闻材料，都要严格遵守真实的原则。只有真实，才能取得新闻界的信任，也才能取得公众的信任。新闻的时效性要求新闻稿件的撰写迅速准确，这样才能保证在短时间内取得巨大的社会效益。

4. 冷静对待新闻界的负面报道，尽量不采取对簿公堂的方法

对于新闻界的负面报道，如果不失实的话，应该立即承认错误，着手整改，并通过新闻界把自己的态度和做法传播出去，争取广大公众的理解。即使报道有失实之处，也应该冷静处理，妥善解决，尽量不采取诉讼的方法，否则，很有可能给企业经营和企业形象带来难以弥补的损害和负面影响。

五、金融界

金融界是指专门从事货币流通、信贷咨询、证券交易、社会保险的社会经济组织和部门。

随着经济的不断发展，企业对金融界的依赖性越来越大。组织争取贷款、进行货币结算、信息咨询、市场预测等活动都离不开金融界。另外，金融界还在一定职责范围内履行着金融控制和金融监督的职能，在一定程度上影响着社会组织的发展。

为了取得金融界的支持，社会组织必须提高经济效益，增强还贷能力，奉守诚信原则，按时还贷，取得金融界的信任，主动与金融界保持联系，配合金融部门的检查、监督，严格遵守法律法规，有选择地和某些金融机构保持业务关系，为组织的发展营造一个良好的外部环境。

六、社会名流

社会名流是那些为人关注、为人崇拜、具有强大社会影响力的各类名人，包括政界要人、文体明星、著名企业家、改革家、科学家、发明家、理论家、教育家、名记者、名作家、医学专家等公众人物。他们的共同特点是各有所长，知名度高，社会关系广泛，有一定的崇拜者，是新闻的焦点、舆论中心、众人关注的对象。

与社会名流搞好关系，对某些社会组织的生存和发展有许多好处：

① 利用社会名流的社会声望，提高组织的知名度。
② 利用社会名流的知识和专长，为组织出谋划策。
③ 利用社会名流的社会关系，给组织发展带来新的生机。

由于社会名流的独特身份和地位，所以，组织与其交往时应注意以下问题：

① 根据自身特点，有选择地进行交往。根据组织的自身特点，选择那些确实能给组织带来正面影响的社会名流进行交往、合作。不要盲目地攀附名人，给组织造成经济负担。例如有些企业用名人作形象代言人或作广告，投入很多，效果不佳，人们只能记住名人，不能记住企业或产品。
② 举止得当，不失礼节。既要充分尊重对方，也要注意保持有礼有节，不卑不亢。
③ 提前预约，珍惜时间。

七、外宾客商

随着我国对外开放的深入开展，特别是加入"世贸组织"以后，各社会组织与外国公众的交往越来越广泛。处理好与外宾客商的关系，对社会组织本身的发展，对国家、民族的总体利益都是有好处的。

在处理与外宾客商的关系时，应注意以下几个原则：

① 严格执行国家的方针政策，维护国家主权和利益，维护民族形象。要运用各种传播媒介，传播有利于国家、民族的信息，使外宾客商对我国有一个客观的认识，为进一步合作、交流奠定基础。
② 不卑不亢，一视同仁。不管国家大小，国力强弱，宗教信仰如何，肤色怎样，都要

尊重，同时要做到有礼有节。

③ 按照国际惯例进行交往，避免不必要的争端。

④ 优化组织形象，扩大组织影响。与外宾客商有商业交往的组织，应以优质的产品和优良的服务，向对方展示自己的完美形象，扩大自身的国际影响。要守信守时，完整履行涉外合同，维护组织信誉，建立长期友好的互利关系。

思考题

1. 怎样理解"赢得顾客是企业成功的关键"这句话？
2. 对于一个企业来说，哪些公众是具有双重身份的特殊公众？对其中一个进行分析，并说明怎样处理好这种关系。
3. 采用进攻型公共关系模式时应注意什么？
4. 建设型公共关系一般在什么情况下使用？有哪些方式？

拓展训练

某酒店依山傍水，风景秀丽，食宿条件与其他酒店相差不多，但是由于地处偏僻，知名度低，因而生意清淡。假如该酒店聘请你作公关顾问，你将策划一个什么样的公关活动来改变现状，并指出策划活动中所使用的战略型和战术型公关活动模式。

案例分析

案例1　法国白兰地的"精彩"亮相

1957年的某一天，美国首都华盛顿，主要干道上竖立着巨型彩色标牌："欢迎您，尊贵的法国客人！""美法友谊令人心醉！"整洁的售报亭悬挂着美法两国的小国旗，它们精致玲珑，在微风中轻柔地飘拂，传递着温馨的情意。报亭的主人特意设计绘制的"今日各报"的广告牌上，最鲜艳夺目的是美国鹰和法国鸡干杯的画面和"总统华诞日贵宾驾临时"及"美国人醉了！"等大标题，它们吸引着络绎不绝的路人光临。

马路上，许多轿车、摩托车、自行车涌向白宫……

白宫周围已是人山人海，人们满面笑容，挥动法兰西小旗，期待着贵宾的出场。

贵宾是谁呢？不是政府要员，不是社会名流，在美国总统艾森豪威尔诞辰日，光临华盛顿的法国特使却是两桶法国白兰地！

这两桶法国白兰地是法国人民赠送给美国总统艾森豪威尔67岁寿辰的贺礼。这两桶窖藏长达67年的白兰地酒由专机送往美国，在白宫的花园里，举行隆重的赠送仪式。由四名英俊的法国青年身穿法兰西传统的宫廷侍卫服装，抬着这两桶白兰地正步前行，进入白宫。

当这两桶仪态不凡的美酒亮相时，群情沸腾，欢声四起。有些人甚至大声唱起了法国国歌《马赛曲》。

从此，法国白兰地就昂首阔步地迈进了美国市场。

问题：

法国白兰地打进美国市场运用了哪种公关模式？

案例2　美国超市促销有术

一位美国顾客买了新房后，由于工作忙碌，一年了，专供客人用的小餐厅和小客厅一直空着。快到圣诞节了，几位同事要来家聚一聚，这才打定主意买一张餐桌。到了超市家具部，在听了售货员对几种餐桌的介绍后，一时有些拿不定主意，不知究竟哪一种合适。于是售货小姐主动提出："小姐，我是学居室美化设计的，我可以到你家去一趟吗？我会帮您设计一下，看买什么样的餐桌更适宜。我们的服务是每小时30美元，如果您买了我们的商品，不论买多买少，我们的服务都免费。"那顾客一想，正好小客厅也需要添置点家具，于是约好下午5点的上门服务。售货小姐准时来到家里，她先看了小餐厅，又看了小客厅、大厅和几个卧室，然后根据房屋的样式、色调，提出应买什么样的餐桌，并建议再买一个与餐桌相配的酒柜，同时告诉顾客小客厅应添置什么样的沙发、茶几、台灯、花卉和壁画。然后，拿出一些与她设计相似的大型画册让顾客翻阅。顾客发现售货小姐的设计的确高一个层次，既具欧美风格也顾及到东方人的特点。于是该顾客接受建议，买下成套商品。

问题：

通过这个案例，你从中得到了什么启发？

案例3　沃尔玛中国社区服务周

2007年3月16日，深圳首次"沃尔玛中国社区服务周"圆满落幕。此次活动以环境保护、帮助邻居、关爱儿童、支持教育和救助灾区五个沃尔玛企业社会责任重点为主题，开展了一系列有特色的社区服务活动，受到所进入社区的好评，从而实现了"社区服务周"促进和谐社区建设和繁荣的初衷。

此次"社区服务周"活动覆盖了沃尔玛所在的36个城市共73家商场。4000多名员工深入200多个社区，开展了250次各种活动，共参加社区服务活动累计超过8000个工时。

各地开展的"社区服务周"活动的主要内容包括：美化社区，为贫困家庭送温暖，到社会福利中心慰问孤寡老人，到孤儿院看望孤儿，为顾客讲解大家感兴趣的知识，以及提供免费家电维修服务等。比如，在长春，沃尔玛员工与长春大学特教学院开展了文化共建活动，在丰富了同学们的业余文化生活的同时，也让他们更有信心参与到社会活动中去。在漳州、厦门等城市，沃尔玛开展了"关注空巢老人"的活动，为这些老人发放了"爱心联系卡"，并在爱心卡上注明了将为他们展开的爱心服务。在这为期一周的时间内，身穿红色工服的沃尔玛员工在社区街道的身影成了一道道令人瞩目的风景线。他们活跃在街道邻里，热情周到，得到了社区居民的广泛赞誉。

沃尔玛中国总裁兼首席执行官陈耀昌说，"我非常高兴'社区服务周'取得了圆满成功。在这一周内，有那么多的沃尔玛员工深入社区，为所在社区的和谐建设贡献力量。'社区服务周'将成为今后沃尔玛回馈社会的一个固定活动。我们也希望能够以此影响社会上更多的人关注社区。"

陈耀昌表示，虽然"沃尔玛中国社区服务周"结束了，但沃尔玛积极参与和谐社区建设的活动并未落幕。每一家沃尔玛商场，每一位沃尔玛员工还将会继续秉承服务社区的传统，积极参与社区的建设与发展。

自1996年进入中国市场以来，沃尔玛一直坚守承诺，做优秀的企业公民和好邻居，并根据沃尔玛的业务特点，确定保护环境、回馈社区、支持教育、关爱儿童和救助灾区为沃尔玛中国企业社会责任的五个重点主题。

截至目前，沃尔玛已累计向各社区和社会慈善机构捐资捐物超过2550万元人民币。同时，沃尔玛的公益活动和社区服务也得到了员工的积极响应和参与，十年来，沃尔玛中国员工在社会公益事业和志愿者服务方面投入的工时超过13万个小时。

问题：

沃尔玛中国"社区服务周"属于什么类型的公关活动？有何特点？结合此案例，谈谈你对开展这类公关活动的认识。

第三章 公共关系工作程序及活动组织

知识目标

1. 了解公共关系工作程序
2. 熟悉公共关系日常接待工作
3. 了解赞助、展览会和庆典活动的类型
4. 掌握赞助、展览会和庆典活动组织

能力目标

1. 能够熟练掌握公共关系工作程序
2. 能够根据企业需要来设计赞助项目策划
3. 能够为具体企业组织策划产品展览活动
4. 能够为具体企业组织策划各种类型庆典活动

任务 3

年底接到上级领导近期将到公司考察手机业务的通知,需要组织好相关接待工作。同时需要各个公关部门为企业的形象作出诊断,并给出具体的公关开展方案。为此公关部门需要对下个年度的企业公关具体活动开展作好规划和汇报。请各小组相关人员按照公共关系程序对企业的形象状况作好调查、分析,并选择具体的活动项目进行策划。

任务要求

1. 能够灵活组织接待不同来访对象。
2. 能够做好各个接待环节工作。
3. 能在调查基础上策划公关活动。

任务实施步骤

1. 以小组为单位讨论接待领导的具体方案。
2. 讨论接待领导的情景剧脚本。
3. 以小品形式展示接待场景。
4. 调查、分析企业的形象状况。

5. 小组讨论确定企业公关的具体活动项目。
6. 撰写公关活动项目的策划方案。

成果形式

1. 模拟接待上级领导的情景剧及其脚本。
2. 以工作小组为单位，提交企业公关具体活动项目策划方案。

理论知识

公共关系工作人员在组织公关工作前，需要熟悉并掌握公共关系工作程序，能够熟练地按照公关工作流程来组织公共关系各类活动。在日常的公共关系接待中，需要经常接触到来访者接待和电话接待，同时也需要能够利用各类型的赞助、展览会和各种庆典活动来开展公共关系活动。

第一节 公共关系工作程序

公共关系活动的工作程序共包括四个步骤：公共关系的调查、策划、实施和效果评价，如图3-1所示。

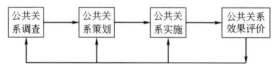

图 3-1　公共关系工作程序

根据公共关系的四步工作法，团队分别从公共关系调查、公共关系策划、公共关系实施、公共关系效果评价等四个方面统一展开工作。

一、公共关系调查

公共关系调查，是公共关系工作的基础，是一种系统的研究工作。公共关系调查通过定量分析和定性分析相结合的方法，准确地概括大量、广泛的各类公众的意见和态度，揭示具体社会环境中影响公众的认识和态度的共性因素，找到组织所处的社会环境中存在的问题，从而为组织的形象设计、公共关系活动的策划提供依据。

（一）公共关系调查的方法

1. 访谈调查法

它是调查人员通过与调查对象进行交谈，收集口头资料的一种调查方法。访谈通常是在面对面的场合下进行的。由调查人员接触调查对象，就所要调查的问题，向调查对象提问，要求调查对象对提出的问题作出回答，并由访谈员将回答内容、交谈时观察到的动作行为及印象详细记录下来。访谈，实质上是一种人际互动过程。

2. 问卷调查法

问卷是指为统计和调查所用的、以设问的方式表述问题的表格。问卷调查法就是研究者用这种控制式的测量方式对研究的问题进行度量,从而搜集到可靠资料的一种方法。一般来讲,问卷调查法较之访谈调查法要更详细、完整和易于控制。问卷法的主要优点在于标准化和低成本。

3. 引证分析法

所谓引证分析法,是指调查人员对各种媒介所传播的有关组织形象的信息进行调查分析的一种方法。引证分析也属于定量研究,它是对媒介所传播信息的数量、质量、时间、频率等进行数据统计。一般说来,一个组织的信息被媒介引用的次数越多,这个组织的影响就越大,知名度就越高。

4. 抽样调查法

抽样调查法是一种科学地从调查总体中选取调查样本进行研究的方法。采用抽样调查法进行的调查具有调查周期短、调查资料准确可靠、节省调查经费等优点。抽样必须要遵守随机性原则,也就是在抽选调查对象时,必须要保证总体中的每一个被抽选对象抽中机会均等。这也是进行统计推断的前提条件。抽取样本的技术由界定总体、收集总体个案名单、确定样本数、抽取样本和评估样本代表性五个基本部分组成,这里不作深入介绍。(由学生自行查阅资料了解抽样调查的相关内容)

(二) 公共关系调查的内容

公共关系调查的主要目的是了解企业形象状态,通过调查"组织自我期望形象"与"组织实际社会形象",来比较分析这两种形象存在的差距,从而为后面的公共关系策划和实施提供依据。

1. 组织形象概述

公共关系所指的组织形象,是社会公众心目中对一个组织机构的全部看法和总体评价,亦即一个组织的实际表现在公众中的投影。

在现代社会中,一个组织机构良好的社会形象,是它最重要的无形资产。拥有良好的组织形象,组织才能被公众所肯定,才能兴旺发达。

(1) 组织形象的构成

在当代信息化社会,一个组织的形象好坏直接关系到其生存和发展,因此,研究、制定、实施组织形象设计战略非常重要。社会公众对组织形象评价主要从产品(服务)形象、员工形象、环境形象和市场形象等方面来判断,是由各种形象要素组成的有机体。具体来讲,产品形象包括产品质量、设备装置、服务水平;员工形象包括管理水平、技术水平、组织精神和价值观;环境形象要素包括组织的名称、组织的建筑和装饰;市场形象要素包括产品商标、组织的广告、组织的信誉。一个组织要在社会公众中建立起良好的组织形象,这是一项艰巨而复杂的系统工程,必须要经过长期不懈的努力。

(2) 组织形象的基本特点

① 客观性。组织形象内容是客观的,而不是主观的印象。任何组织都处在一定的舆论环境中,它的产品、行为和战略方针必然会给人留下某种印象,从而产生某种看法和评价,像一面镜子,反映了一个组织客观的社会形象。一个组织的形象虽然与众多因素有关,但归根到底取决于组织自身的完善性。

② 多面性。组织形象是多面的、立体的综合反映。不同的人,从不同的角度看待,会对同一个组织产生不同的印象;同一个人用同一种角度,在不同的时期,也会对同

一个组织产生不同的印象；组织的每一个因素的变化，给公众的印象也不一样。一个组织的形象的反映是多面的。"公关无小事"，任何一个方面不完善，都可能对组织形象产生不良影响。

③ 相对性。一方面，组织机构所面对的公众广泛而复杂，不同的公众对组织有不同的需求和兴趣，与组织交往的角度及关系深浅也不一样，对组织的印象必然有各种差别。

另一方面，组织所树立起来的形象也不是一成不变，会随着时间以及环境条件、自身因素的变化而变化，需要不断地加以维护。

(3) 组织形象的基本指标

影响组织形象的因素是多方面的，因而衡量其形象的标准也有多种，且因组织形象的不同而不同。总的看来，有这样两个最基本的指标，即知名度与美誉度。知名度是一个组织被公众所了解的程度，社会影响的广度和深度，是评价名气大小的客观尺度。美誉度是一个组织获得公众的信任、赞美的程度，社会影响的美、丑、好、坏，是评价好坏程度的指标。

知名度主要用"大、小"来衡量组织形象的"量"，不涉及舆论的"质"的评判。美誉度则用"好、坏"来衡量组织形象的"质"，不可与其"量"混为一谈。知名度与美誉度是从量与质两个方面来衡量组织形象的，两者并不一定同步发展。良好的组织形象将高的知名度和好的美誉度同作为其追求的目标，但需要根据具体的公关状态对这两项指标加以控制调节。一方面应目标明确，另一方面要了解实际的形象所处状态，从而分析其形象差距，修正和确定公共关系的方向与重点。

2. 公共关系调查内容

公共关系主要调查企业形象所处的状况，具体可从这样三个方面来调查：自我形象测定，实际形象调查，形象要素分析。

(1) 自我形象测定

组织形象的建立，首先必须制定一个明确的、可行的目标，亦即应先自行确定一个希望树立的形象标准。形象越是完善，则标准越是严格。高的标准，对组织自觉作出公共关系努力的可能性就越大，同时，实际成功的可能性也可能越低。正确设计组织的自我期望形象离不开组织内部的调查。

① 对组织凝聚力的分析与评估。公共关系是"内求团结，外求发展"的艺术。内部的团结集中表现在其凝聚力的高低上。组织凝聚力分析评估主要包括以下几个方面：

a. 组织全体成员的目标是否一致，能否为实现共同目标而互相支持、勉励、奋进；

b. 人与人之间的感情是否融洽、和谐，能否互相关心、和睦相处；

c. 领导与被领导之间是否互相信任、互相尊重、以诚相待，领导能否关心和体贴群众，群众是否爱戴和支持领导；

d. 各部门之间，各组织之间密切配合的程度如何；

e. 组织内的信息能否正常、及时沟通，遇到矛盾是否及时协商解决，互相谅解；

f. 全体人员的集体荣誉感的强弱，是否有将组织命运与具体工作相联系的责任感与归属感。

② 对组织实际状态和基本条件的分析评估。组织自我形象的设计不能脱离客观的实际状态与条件。因此，公关人员应对组织内各方面的基本资料进行分析评价。这些资料主要包括：经营方针的目标、生产状况、财务状况、技术开发状况、市场营销状况、人事组织状况等。

③ 组织的员工对组织形象的分析与评估。即了解本组织广大干部和职员对自己组织的

看法和评价。一个组织的目标和政策须得到其广大员工的认可和支持，才有可能转化为该组织的实际行动。因此需要通过内部调查，了解员工对组织在凝聚力、满足感、权利等方面的要求及各种批评建议，了解他们对领导层提出的总目标的信心和支持程度，发动全体成员寻找组公关的薄弱环节及改善措施，鼓励大家积极参与公关目标计划的拟定。

通过上述三个方面的调查与分析评估，结合组织自我期望与实际能够塑造的形象，来确定本组织的自我期望形象。

组织形象的测定，反映了组织对树立自身形象的主观要求，带有很强的主观性，这种形象与组织在公众中的实际印象会有差距。要使公众对组织的实际印象与组织所期望的印象一致，就必须通过调查了解组织的实际社会形象。

（2）实际形象调查

组织实际形象调查即主要通过调查来了解公众对组织知名度、美誉度的评估和分析。社会形象调查的具体实施方法如下：

① 调查公众对象。即对本组织的公众范围、公众分类、主要目标公众等进行调查、分析，通过辨认公众、甄别对象，以确定舆论调查和民意测验的对象与范围。

② 调查知名度与美誉度。在公众对象调查的基础上，实施具体调查方法（如访问、问卷、电话采访等）。然后根据所调查结果进行分析，运用"组织形象地位图"，对组织的知名度与美誉度进行测定。"组织形象地位图"（如图 3-2 所示）有四个象限，分别表示四类不同的公共关系的实际状态：

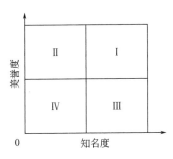

图 3-2 组织形象地位四象限图

象限Ⅰ表示高知名度、高美誉度。处于这种形象地位，说明组织的公共关系处于最佳状态。

象限Ⅱ表示低知名度、高美誉度。即组织被公众知晓程度不高，但知晓者均对组织有较高的评价。处于这种形象地位的组织，应将公共关系的重点放在提高知名度方面。

象限Ⅲ表示高知名度、低美誉度。即给公众没有留下良好的印象，名声较差，而知者甚众。这对一个组织来说是一件非常坏的事件，形象很差。组织公共关系的重点就应当放在迅速挽回名声和提高美誉度方面，争取以较短的时间挽回声誉。

象限Ⅳ表示低知名度、低美誉度。这种组织，名声不好，知者也甚少，影响面不大。组织应一切从零开始，针对知名度与美誉度双管齐下，树立组织新形象。

测定组织形象地位是为了初步掌握组织状况，为寻找公共关系的状况、公共关系的问题指明方向。要确诊公共关系的问题，还需进一步分析组织的形象要素。

（3）形象要素分析

组织形象的内容不是单一的，组织处于某种形象地位，总是由多种因素所造成。要如实地确定组织的实际社会形象，还需要进一步分析某种形象形成的具体原因。

组织形象的调查工具

针对组织形象指标知名度和美誉度,我们可以设计出四个具体度量工具,即组织认知度、广告接触度、组织形象一流评价度和组织形象综合要素分析表,作为调查形象的工具。

① 组织认知度

组织认知度分为5个等级:

◆ 非常了解该组织所经营的产品和服务(　　)
◆ 大致了解该组织所经营的产品和服务(　　)
◆ 知道该组织所经营的某些产品和服务(　　)
◆ 只知道该组织的名称,而不清楚组织所经营的产品和服务(　　)
◆ 对该组织的名称、产品和服务均一无所知(　　)

② 广告接触度

广告接触度分为4个等级:

◆ 常常看到该组织的广告(　　)
◆ 有时看到该组织的广告(　　)
◆ 偶尔看到该组织的广告(　　)
◆ 从未看到过该组织的广告(　　)

③ 一流评价度

一流评价度是提出3个问题,分别让被调查者回答:

◆ 综合评价:一流(　　)、二流(　　)、三流(　　)、不知道(　　)
◆ 如果你准备购买股票,你是否会选择该组织的股票?(　　)
◆ 如果你准备就职,你是否会到该组织谋职?(　　)

(注:被调查者在认同的调查项目后面的括号内打上"√"即可)

④ 组织形象综合要素分析表

预先确定准备调查项目,运用"语言差别"制作调查表式(如表3-1所示),请被调查者圈选;回收后加以统计、分析,再进一步作出形象图表。

表3-1　组织形象综合要素分析表

编号	评价 调查项目	非常	相当	稍微	中	稍微	相当	非常	评价 调查项目
1	技术高								技术低
2	对新产品的开发快								对新产品的开发慢
3	传统性好								传统性差
4	能产生令人亲切和蔼的感觉								不能产生令人亲切和蔼的感觉
5	宣传和广告攻势强								宣传和广告攻势弱
6	信任感强								信任感弱

续表

编号	调查项目	非常	相当	稍微	中	稍微	相当	非常	调查项目
7	未来发展性好								未来发展性差
8	安定性好								安定性差
9	跟上时代潮流								跟不上时代潮流
10	具有清洁的形象								没有清洁的形象
11	研究能力强								研究能力弱
12	国际竞争力强								国际竞争力弱
13	工作作风好								工作作风差
14	经营者素质好								经营者素质差
15	组织规模大								组织规模小
16	对客户的服务好								对客户的服务差
17	对消费者负责								对消费者不负责
18	销售网广大								销售网狭小
19	重视社会公害的防治								不重视社会公害的防治
20	产品具有现代感和新鲜感								产品不具有现代感和新鲜感
21	对社会贡献大								对社会贡献小
22	希望子女在此组织中任职								不希望子女在此组织中任职
23	想购买此组织的股票								不想购买此组织的股票
24	对文化事业的贡献大								对文化事业的贡献小

通过广泛的调查后，公关人员将所有的表格进行汇总，对每项调查项目中各种评价统计出百分比，制成如表3-2所示表格。

表3-2 组织形象要素调查汇总表

调查项目 \ 评价	好（大）	较好（大）	稍好（大）	中	稍差（小）	较差（小）	差（小）
组织规模/%					30	55	15
组织业绩/%		70	20	10			
组织信用/%		30	40	20	10		
组织社会影响/%					60	30	10
职工素质/%			5	65	30		
决策正确性/%	10	50	40				

注：表中数字为假设的汇总计算结果，以象限Ⅱ中的处于B点的组织为例。

根据上述调查结果，可以大体描述如下：组织规模较小，组织业绩较好，组织信用较好，组织社会影响一般，职工素质一般，决策正确性较好。这便是该组织处于第二象限的具体原因。

(4) 形象差距的比较分析

将组织的实际社会形象与组织的自我期望形象相比较，揭示二者之间的差距，以缩小这种差距。揭示这种差距可用"形象要素差距图"来显示。方法如下：

将表 3-2 中评价的六个标准数字化，"好"为 10 分，"较好"为 9 分，"稍好"为 8 分，"中"为 7 分，"稍差"为 6 分，"较差"为 5 分，"差"为 4 分。根据调查的结果，运用加权平均法求得各项的得分。

如第一项"组织规模"得分为：

$10×0\%＋9×0\%＋8×0\%＋7×0\%＋6×30\%＋5×55\%＋4×15\%＝5.15$

将各项得分分别标定在"形象要素差距图"中，连接各点，成为组织形象曲线（图 3-3 中实线）。

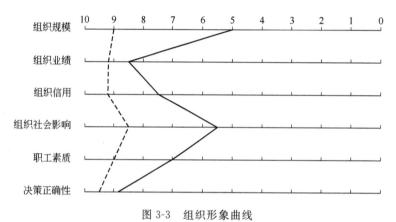

图 3-3　组织形象曲线

运用同样的调查汇总方法，将组织自我期望的形象曲线也在图中标出（图 3-3 虚线部分）。两条曲线之间的差距就是组织的"形象差距"。

从图 3-3 中可以看出，除组织业绩与决策正确性这两项形象要素实际评价与自我期望值接近以外，其他几项要素均有一定差距。缩小这种差距就是公共关系的目标。

通过以上对组织形象的调查与分析，找出组织公共关系工作的问题，为下一步的公关工作作好了准备。

二、公共关系策划

公共关系工作在确定了组织形象要素的差距后，就要制定公共关系工作规划，设计组织形象，确立公关目标，使公关工作有计划地实施，即公共关系策划。公共关系策划主要包括组织形象设计、确定公关目标、选择公关模式、制订工作计划和编报财务预算等内容。

（一）组织形象设计

组织形象设计，就是通过鉴别公众对组织机构要求，权衡组织利益与公众利益的关系，确定公共关系的主要对象与兼顾对象，从而制定公共关系的一般目标和特定目标、长期目标和近期目标，选择和规划组织机构的总体形象与特殊形象。

设计组织的形象要达到以下几个基本要求：

1. 公众利益与组织利益的统一

公共关系的目标是树立组织在公众中的良好形象，促进自身发展。同时组织应谋求与自己的公众共同发展。任何损害公众利益的发展，都只能是对组织自身的损害。因此，组织公共关系的目标中，既要反映组织发展的要求，也要反映公众对本组织的要求。

2. 总体形象与特殊形象的统一

组织形象的好坏是公众在衡量自己的标准与组织的实际后作出的判断。组织所面临的公众千姿百态，对组织的要求也千变万化。组织在设计形象时，要总体形象与特殊形象相兼顾。既要考虑各类公众的一般要求，以建立一个总体形象，又要照顾到一些特殊公众的要求，以建立起特殊形象，形成自己的特色。

3. 知名度与美誉度的统一

知名度与美誉度同是公共关系追求的目标，两者并重而不应偏废。美誉度要以知名度为条件，知名度低的组织，美誉度再高，也无法显示其价值。同时，知名度要以美誉度为基础，只有这样才能产生积极的效果；反之，知名度高而美誉度低的组织，面临着生存和发展的严重危机。因此，提高组织的知名度与美誉度是组织追求的目标，必须从公众的要求出发。

根据组织的自身期望和公众的要求设计出组织的形象后，就应当确定其具体公关目标。

（二）确定公关目标

公共关系目标就是公共关系行为期望达到的成果。公关目标由公关性质所规定，它是公关活动的方向，也是公关活动成功与否的衡量标准。

1. 组织公关活动的类型

组织公关活动的目标有以下四种类型：

（1）传播信息型

向公众传播有关本组织的信息，让公众了解、信任、支持本组织。

（2）联络感情型

为了建立组织与公众间牢固的感情基础而进行的公关活动。

（3）改变态度型

为了让公众接受组织及其所提供的产品、服务、文化等而进行的公关活动。

（4）引起行为型

为了诱导公众产生组织所希望的行为方式而进行的公关活动。

2. 确定公关目标的要求

确定公共关系目标，必须能够起到指导整体工作的意义。所以，并不是随便将一个工作目的定为目标就可以的，要使目标能发挥其作用，必须符合以下五个要求：

（1）整体发展规划

公共关系目标必须符合组织整体发展计划的要求，必须能起到从增加社会效益的角度促进整体发展的作用。

（2）明确可测量

公共关系目标不但要明确，而且必须可测定，使之定量化，以便于用它来衡量公关工作的效果。不具备可测量性的目标，不但不易督促工作，而且无法评价检查工作效果。

（3）争取全体支持

在确定公关目标的过程中，必须广泛征求组织内部职工的意见，集思广益，争取本组织所有员工的理解和支持，以便于"全员公关"的进行。

(4) 要有弹性

确定的公共关系目标必须具有一定的弹性，能够在实际工作中遇到不测问题时，仍然可灵活应变。

(5) 分清主次

确定公共关系目标必须分清轻重缓急，分清主次。

（三）选择公关模式

公共关系目标确定之后，就应当从组织的实际情况出发，考虑具体选择哪种公共关系模式或哪几种公关模式。组织根据实际需要选择合适的公共关系模式，以期取得较好的公关效果，这是公关策划的重要环节。

（四）制订工作计划

1. 制订公共关系计划的原则

(1) 公共关系计划应该与组织机构的总体计划和社会发展条件相吻合

公共关系活动不是孤立进行的，必须配合组织各项管理工作进行。同时，又要注意社会上新的潮流、重大节日或重要活动。内外动态综合考虑，在适当的时候、适当的地点，以适当的方式，制造适当的气氛，不失时机又不落痕迹地开展公关活动。

(2) 公共关系计划既要避免范围过于广泛又要注意计划的平衡性

公共关系计划不要期望过高，面面俱到。应突出重点，将有限的人力财力用在刀刃上，同时要特别关注长远利益，在照顾重点对象的时候不忘平衡次要关系，注意消除潜在的公共关系问题。

(3) 公共关系的财务预算和时间安排要留有余地

公共关系的工作量难以精确计量，因此制定财务预算和时间要留有一定的弹性，以免出现意外情况时，公共关系工作陷入僵局。

(4) 公共关系的计划要考虑承上启下的连续性

公共关系的效果是累积的，良好的组织形象是组织长期一贯的工作积累而形成的。公关工作不能三天打鱼两天晒网，朝令夕改。

(5) 公共关系计划要富于创新性

由于组织的发展，社会关系的变化，公关工作越来越复杂。任何一项曾经获得成功的计划都不能沿袭应用，必须根据新的趋势、新的条件、新的要求、新的对象而推出新的计划。公共关系计划特别忌讳模仿，创新是良好公共关系计划的重要标志。

2. 公共关系计划的基本内容

公共关系计划可分为年度工作计划和专项活动方案。内容大致如下：

(1) 年度公关计划内容

年度公共关系计划内容主要包括：年度公共关系计划具体目标；年度公共关系活动主题；年度公共关系项目和传播计划；年度公共关系活动项目和传播计划的实施时间表；各项公共关系活动项目及传播的财务预算；各项公共关系活动的组织保证及人员职责、分工。

(2) 专项活动项目方案内容

针对年度公共关系计划，还需要制定有关专项活动项目的实施方案，方案应包括下列内容：

① 项目名称及目标；

② 项目的负责人、实施者及各自的责任；
③ 项目筹备、实施的程序设计、时间表；
④ 项目设计的关系人及必要的分析；
⑤ 项目所需的传播媒介、器材设备、外部环境等；
⑥ 项目经费预算；
⑦ 项目成果的考核标准与考核方法。

（五）编报财务预算

财务预算，可以从财力物力上保证公关工作的正常开展；便于监督管理，堵塞漏洞；便于事后核算成本和考核业绩。

1. 财务预算的编报方法

编报财务预算的方法有两种：

（1）按销售量抽成法

对工商企业而言，这种方法是按企业的总产值或销售量，提取一定比例作为公共关系预算。其优点在于能很快决定预算；缺点是预算缺乏弹性和计划性，不一定适合实际需要。

（2）目标作业法

这种方法，是先制定出公共关系期望达成的目标和工作计划，然后将完成任务所需的各项费用详细列举出来，核定各单项活动和全年活动的预算。其优点在于计划性强，弹性较好；缺点是需要事先审核计划和预测，如预测不准确，就可能超支、短缺或浪费，且主观性较强，易影响预算的控制。

2. 财务预算的基本构成

公共关系财务预算主要包括以下几个部分：

① 劳动报酬，包括公关部门的负责人及其他人员的劳动报酬。
② 行政管理费，包括房租、水电费、电话费、办公费、家具折旧费等。
③ 传播媒介费，包括在报纸、杂志、广播、电视和网络等媒介上做广告等宣传的费用。
④ 设备费，包括开展公关活动的必要器材，如摄影设备、广播器材、电视录像设备、展览装置等的购置费或租金。
⑤ 交往活动费，包括召开各种座谈会、记者招待会、组织参观、展览会的费用以及招待费、公关人员的差旅费等。
⑥ 其他应急或机动费用，如赞助社会文化、教育、体育、社会福利事业或慈善事业的费用。

公共关系经过认真策划以后，便可以具体组织计划的实施。

三、公共关系实施

为组织塑造、推销良好的社会形象，在公共关系实施中，需要正确地选择公共关系媒介和确定公共关系的活动方式。

（一）选择宣传媒介

不同的传播媒介有各自的特点。那么，在实际的公共关系活动中，应当如何选择合适的宣传媒介呢？一般说来，公共关系活动选择宣传媒介的原则有以下几个方面：

1. 媒介的选择要与公共关系活动的目标相联系

在不同时期，社会组织进行公共关系活动的目标不一样，达到目标所采用的传播媒介就应有所区别。如关系到组织长远影响，建立和提高组织知名度的目标，采用印刷媒体可使受众方便地回忆查询；而突发事件或比较紧迫的事件，采用电子媒介则更合适。

2. 媒介的选择要与传播信息的内容相联系

信息的内容有的简单，有的复杂，有的文字语言就能说清楚，有的则以图像才能使人理解，有的需要仔细思考才行。不同媒介的特点不同，对信息内容的诠释效果也不一样。如对组织品牌形象塑造类的广告宣传，选择电视、网络视频类型媒介进行宣传效果比较好；如果是进行危机处理，选择报纸进行信息传递会更有效。

3. 媒介的选择要与公众对象相联系

组织的性质和类型不一样，就有不同的公众对象。即使是同一个组织的公众对象，他们接触媒介的状况也不一样。组织应区分传播公众对象的不同特点，因人而异，采用适合不同公众的媒介。

4. 媒介的选择要与经济因素相联系

一方面，组织用于公共关系活动的经费有限；另一方面，公共关系活动的经费，应统筹兼顾，把钱花在刀刃上。一般说来，同样的信息，通过电子媒介传播比通过印刷媒介传播所花费用要多。能取得同样效果的，应采用费用较低的媒介。目前，有些企业在公关活动上，片面强调电子媒介的优势，而不考虑信息内容本身的要求，导致钱多花了效果却不尽如人意。

（二）确定活动方式

公共关系的活动方式，是以一定的公关目标和任务为核心，将若干种公关媒介和方法有机地结合起来，形成一套具备特定公关功能的工作方法系统。公共关系对不同类型的组织机构，或同一组织的不同发展阶段，或同一阶段中针对不同的公众对象及公关任务，都需要有不同的公共关系活动方式。活动方式的选择，可根据组织公共关系的特点，从公关活动模式中选择进行。

在公共关系活动实施阶段，一定要注意及时检查调整计划的执行情况。检查调整时应注意以下几点：

① 确定的公共关系活动的目标是否准确；
② 对公众的分析是否符合实际，有无不确切之处，有无新变化；
③ 公众提出的问题与组织的行为是否有差距；
④ 选择的传播媒介与方式在实践中公众的反应如何，是否起到应有的作用；
⑤ 各项具体公关活动的配合情况、各种具体步骤、时间安排是否恰当；
⑥ 人、财、物在各项活动中的配备是否与任务相当，有无浪费和力不从心之处；
⑦ 组织的各项管理与特定时期公关计划的实施有无矛盾，配合的紧密程度如何；
⑧ 公关活动的信息内容为公众接受、理解的程度，是否达到了应有的效果；
⑨ 计划中的经费预算与实施计划的费用支出是否有差距；
⑩ 组织全体人员的公共关系意识的强弱，与公共关系的配合程度。

四、公共关系效果评价

对公共关系活动效果的检测与评价是公关活动的最后的一个阶段。公关活动计划实施后进行成效检测,既是某一特定时期公关活动的总结,同时又是与新的特定时期公关活动的开始首尾相连,所以又可能是新的特定时期公关活动的调查分析阶段,因此有其重要的作用。

通过公关效果的检测与评价,首先评估当前组织形象的现状,提出报告,为领导经营决策作参考;其次,发现公共关系活动的缺陷与不足之处,为进一步改善公共关系活动提供依据;再次,增强全体公关人员的公关意识,提高其工作信心;最后,衡量经费预算,衡量人力、物力的配备与开展公关活动之间的平衡性,衡量公关活动的效率。

公共关系活动效果的检测与评价,将公关活动中的信息及时、准确、经济地反馈到公关部门是一项重要的工作。通常,信息反馈渠道分为组织内部反馈渠道和外部反馈渠道。

(一) 公共关系效果信息反馈渠道

1. 组织内部信息反馈渠道

(1) 组织领导层和管理人员

他们可以从组织的内部管理中观察出特定时期内公共关系的目标达到的程度与效果。

(2) 组织的职工

他们能从切身体会以及对整体的组织行为站在各个不同角度,对公关活动的成效作出评价。

(3) 工作第一线的人员

公众对企业声誉的态度,首先由工作第一线的人员感受到,因此组织首先要关注到这一类型的信息反馈渠道。

(4) 组织的股东

股东虽不参与经营管理工作,但组织的兴衰与自身利益相一致,因而对组织的形象,在其各种联系中,必然会有较为客观的评价。

(5) 组织内部的各种资料

组织内部的资料如总结报告、各种报表、会议纪要等都可以有效反映出组织所处状态的相关信息。

2. 组织外部信息反馈渠道

(1) 主要公众

就工商企业而言,消费者与用户是公关活动的主要对象,任何公关活动都直接或间接地与他们有关。

(2) 新闻界

新闻界是社会舆论、公众意见和看法的代表,可以集中反映各方面对组织形象的评价与要求。

(3) 上级主管部门

由上而下地观察,他们容易发现组织公关活动的问题,而且可以直接从他们对组织行为的支持程度,反映出公关的效果。

(4) 相关组织

与本组织横向联系密切的伙伴,他们与组织交往频繁,关注组织的一言一行,他们提出的意见,不管是好是坏,都十分真诚中肯,因而反馈的信息价值也高。

(5) 社区公众

这是一条不容忽视的信息反馈渠道。他们是组织的左邻右舍，与组织朝夕相处，容易了解组织，也能迅速地反馈信息。

公关人员根据对内外部反馈信息的掌握情况，选择具体的方法来检测公关实施效果。

（二）具体效果检测的方法

1. 形象效果检测

组织可以通过民意测验与舆论调查，借助"组织形象地位图"，检查组织知名度和美誉度的改善情况；运用"组织形象要素调查表"，检查组织形象要素的具体构成有了哪些进步；通过"形象要素差距图"，检查组织实际形象与期望形象之间的形象差距有多少改善。

公关的成效，在于公关网络的稳定与发展、舆论影响的维持和扩大，其社会效应是整体的、长期的。因此，其效果的检测离不开民意测验和舆论调查，而且侧重于公众心理、态度、观点及行为的变化方面。

2. 年度总结报告

年度总结报告是以本年度的公共关系计划和预算为根据，将一年来的实施结果与预期目标和计划比较，就公关各层次的目标及计划的实现程度和存在差距，提出有说服力的总结报告。在报告中应注意具体可见或可测量的成果、实例，以及有影响力的外界评价，以增强报告的客观性，供领导作出判断和评价。

3. 社会效益评价

公关社会效益评价是借助于"费用-效益分析"，就组织公关对社会所作出的贡献，作出正、反两方面的报告，并加以总结，用一定的货币量来衡量公关活动的社会效益。其方法是：将企业用于经营必需之外的、自愿的社会投资算作是"正效益"（贡献）；将企业忽略、延迟有利于社会公众的改善而带来的社会性危害视作"负效益"（缺陷）。用"正效益"减"负效益"，就是企业的"社会纯效益"。根据这种方法制作的报告，亦称为"社会-经济业务报告"。

当然，一个组织良好的社会形象不能单用金钱来衡量，只能把这种检测评价方法作为一种手段，来反映公关效果的一个方面。

4. 新闻舆论分析

新闻舆论是反映组织形象的一面镜子。通过分析新闻舆论关于本组织的报道动向，可获知本组织形象的状态。新闻舆论分析的内容包括媒体关注的程度、读者与听众的人数和理解程度。

(1) 媒体关注的程度

报纸、杂志报道的篇幅版面大小；广播、电视播放的次数、时间长短。版面大、次数多，易引起公众的注意与发生兴趣。

(2) 读者与听众的人数和理解程度

读者和听众多，且了解了公关活动的信息，才能有较大的成效。

(3) 新闻媒体的影响力

传播公关活动信息所用的媒体影响力，可以从媒体级别是全国性的还是地方性的、刊物发行量的大小、媒体是否与目标公众接近等角度来评价。一般说来，影响大、发行量多而又与目标公众接近的，对树立组织形象更有利。

（4）新闻媒介传播的信息，时机是否恰当

新闻媒介传播信息的时间要与公关活动步伐及组织的管理进展密切配合。错过时机必然起不到作用。

（5）新闻媒介对组织传播信息的反应

新闻效果主要从新闻媒介对组织信息传播的真实性、及时性以及新闻媒介评判的客观性三个方面来进行评价。

综上所述，公共关系基本程序的"四个阶段"是一个互相联系的整体，是周而复始的循环过程。它反映了公共关系的系统性、延续性和持久性。

第二节 公共关系日常接待工作

在公共关系日常接待工作中，主要有来访者接待和电话接待。

一、来访者接待

在组织日常业务活动中，经常会有各种来访者，如来洽谈合作，联系生意，参加会议，或是考察组织，或是参观学习。无论来访者的目的是什么，他们都是组织的客人，公关人员都应给予热情、礼貌、周到的接待，使来访者乘兴而来，满意而归。

为了确保接待工作的顺利进行，公关人员应提前制订接待计划。接待计划的内容一般包括：

① 接待对象及接待人数的确认，来宾的来处、访问目的等。

② 确定接待规格，不论是团体还是个人，都应在事先确定接待规格。

③ 拟定接待期间的程序和日程安排表。

④ 确定接待人员以及分工。

⑤ 接待场地、场景的布置。

⑥ 食宿安排，客人下榻的宾馆、饭店应在客人到达前安排妥当，根据客人的饮食习惯和接待规格确定住宿、用餐标准。

⑦ 迎来送往的安排。对于来访者，需要考虑到接送。考虑来访对象的重要性及来访者个人需要，为对方设计相应的接站、接机、住宿、餐饮等方面安排。

⑧ 经费预算，按照客人的人数、规模，安排需要花费的人力、物力支出，可以减少浪费现象。

来访接待一般包括两个环节：一是车站、码头、机场的接送；二是在组织内的接待。车站、码头、机场的迎接，尤其重要，因为来访者多是尊贵的客人。接待人员要盛装、隆重地迎接。注意提前到达，举牌欢迎，并为宾客提接行李，送至下榻的宾馆，或根据计划的安排直接接进组织，要为宾客介绍城市的特色和风土人情、旅游景点和历史文化，让来访者有宾至如归的感觉。在组织内部的接待则要尽量提供舒适、便利的条件，热情周到地接待来宾，并利用这一机会进行人际公关，传播组织的信息，给来访者留下良好的印象。

腾讯迎接胡锦涛到访参观

腾讯公司2010年9月份得知，胡锦涛总书记到深圳进行考察，期间将到腾讯公司进行考察参观。为了更好地做好接待国家领导人到访的工作，并将腾讯最好的一面展示出来，腾讯作了精心的准备。

胡锦涛主席到访腾讯后，腾讯的首席执行官马化腾首先向总书记汇报了腾讯的发展及创新之路。接着工作人员用QQ上的卡通形象在屏幕上打出"祖国好"的祝福语，通过演示，总书记对腾讯的即时通信功能研发进展感到非常欣慰。

随后，请总书记亲身体验腾讯的研发成果。总书记兴致勃勃地观看演示人员通过触碰唤醒小Q机器人，并用语音遥控机器人来实现控制电脑并实现对相关软件的操控。

在参观结束之时，马化腾为总书记送上精心准备的QQ号码。这个特殊的礼物让很多QQ网民讨论热烈和激动，网民们都期待在QQ上能够遇到总书记，并对总书记的号码进行各种猜测，也吸引了很多新用户注册QQ。

这次接待活动，也为腾讯公司起到了很好的宣传效果，很多媒体都对这次接待作了报道。

请你想一想：如果是接待客户参观，你会怎么组织？

二、电话接待

（一）拨打电话

1. 时间

选择拨打电话应考虑接听电话者是否方便。如果不是有紧急事件，不要在他人休息或用餐时间给人家打电话，还应注意各个国家和地区的时差。一般不宜在早上7:00之前和晚上10:30以后打电话。如接听者有午休习惯，还应避开午休时间。通话时间不宜太长，一般在3分钟左右，总的原则是以短为佳，宁短勿长。

2. 语言文明

第一句话，用"您好"而不是用失礼的"喂"来称呼对方，然后介绍自己。如果接电话的人不是你要找的人，应客气地请听话人叫一下，如"请麻烦您叫一下＊＊先生（或＊＊女士）听电话，谢谢"。当对方答应帮你叫人时，应手持话筒静候，不可离开或做别的事，当对方告诉你要找的人不在时，切不可立即挂断，而应该说"谢谢，打扰了"或请对方帮助转达，如"如果可以的话，能不能麻烦你转告他……，谢谢"。如果接听电话的人是你要找的人，也应先致以简短的问候，而后再进行正式谈话。如果拨错号码，应先致歉再挂机。结束谈话，致告别语一般由拨打电话一方提出来。如果对方是长辈、上级、外宾或女性，应请对方先挂机。终止通话，预备放下话筒时先对接听者道一声"再见"。

3. 举止、态度要文明

拨打电话时最好起身站立，双手握持话筒，嗓门不能过高，挂断电话时要将话筒慢慢地、轻轻地放下。

(二) 接听电话

1. 接听电话要及时

一般在听到铃响三次左右拿起话筒。过早显得突兀,过迟则会给人怠慢之感。

2. 热情礼貌

拿起话筒立即说"您好",然后通报自己的单位、姓名。如果受话人不在,应礼貌地予以说明,不可突然挂断电话。如果对方请求转达,要热情予以帮助并及时、准确地转达。接听电话时应避免打断对方的讲话。如果有人来或有另一部电话打来,可先致歉。通话中,需对方重复时,应等话告一段落时再提出。如果遇到打错的电话,不要态度冷淡、生硬,更不能说不礼貌的话,应该告诉对方"对不起,您打错了"。受话人不在时,不要主动打听对方的姓名、与受话人的关系、通话目的等。对公务电话或代人接听电话要作好记录。

打　错　了

小孙刚刚工作,对公司的人都不熟悉,每天接到的电话多数是找其他部门的人。刚开始小孙还能够温柔地提醒对方打错了,或者是热心地去找当事人来接。但是后来随着电话增多,小孙就有些不耐烦。一天,又接到了找其他同事的电话。小孙想也没有想,就生硬直接回答:打错了。谁知,刚刚挂掉电话,该电话又打过来厉声讯问小孙:"你叫什么名字,在哪个部门?你这样的态度会得罪很多客户。"这时候,小孙才知道自己闯祸了,原来,这个打电话的人是公司的高层领导。

如果你遇到小孙这样的情况,你会怎么处理呢?

第三节
策划社会赞助

社会在进步,竞争日趋激烈,越来越多的组织认识到除自身赢利以外,还必须承担一定的社会责任和社会义务,以便为社会贡献一份力量。组织参与社会赞助活动,不仅仅是出于组织自身利益的需要,同时也是回报社会和公众,体现公关的双赢原则。

社会赞助是指组织通过对某一社会事业、事件无偿地给予资金或物质上的捐赠或赞助,扩大组织的知名度和美誉度,使组织获得一定的形象传播效益的公共关系专项活动。

一、社会赞助的作用

提高组织的知名度、树立组织在社会公众中的美好形象,是组织生存和发展的重要条件。以此为目的的社会赞助活动,是实现这一条件的有效手段。

(一) 扩大知名度

赞助活动因其具有很高的新闻价值而备受新闻界的关注,组织的名称将伴随着事件一起频频被报道，得到更多的宣传机会，能提高组织的知名度。

（二）树立良好的社会组织形象

社会赞助活动的事业或事件正是社会公众期望、支持、感兴趣的，通过组织的大力赞助可以获得公众的赞誉，提高组织的美誉度，树立组织的良好形象。

（三）获得公众的信任感

履行组织对社会的使命和义务，赢得公众对组织的信任感，同时，向社会证明组织的经济实力，通过赞助活动可以获得比做广告更好的说服力和影响力。

二、社会赞助的主要类型

（一）体育事业

对体育事业的赞助不仅可以带动人民体质的提高，而且可以最大限度地提高组织的知名度。

（二）文化事业

组织赞助社会文化事业，不仅可以提高民众文化素质，培养高尚情操，而且可以大大提高组织美誉度，提高组织社会效益。

（三）教育事业

教育事业是百年大计，它体现了组织对社会的责任，也为组织提供了长期发展的后备力量。

（四）社会福利和慈善事业

为社会分忧解难，是组织的义务。赞助福利和慈善事业，是组织谋求与政府和社区两大公众的最佳关系的手段。

（五）赞助学术活动，支持各种具有社会意义的重大活动和社会团体

组织通过赞助各种学术活动、各类有社会意义的重大活动和社会团体，可以获得很好的社会关注度。社会赞助还包括赞助各类出版物、各种展览、各种竞赛、庆典和有关宣传品，如旅游手册、日历、地图、年鉴等各种技术手册的制作等。

社会赞助的类型很多，社会赞助的专业化、多样化和社会化是当前的三大趋势。作为公关人员更应勤于思考、出奇制胜，争取获得最大的信誉投资效益。

三、组织策划社会赞助

要组织策划好社会赞助活动，必须做好赞助前期研究、制订赞助计划、赞助活动的实施、赞助效果评价等几个方面的工作。

（一）社会赞助前期研究

社会赞助的内容可以由组织主动选择对象，也可以在接到赞助请求后再作出反应。但不论是哪种形式的赞助、赞助谁，赞助之前都应做好深入细致的调查研究。调查组织自身的公共关系状况、经济状况、赞助项目是否有积极的社会意义和广泛的社会影响；要从组织的经营政策着手，分析公共关系的政策和目标，是否能通过社会公益活动，达到树立组织良好形象、扩大社会影响力、表现爱心、提高社会组织知名度与美誉度的目的。

（二）制订赞助计划

组织应根据公共关系政策和赞助方向来制订赞助计划，做到目标明确。赞助计划包括：赞助对象的范围、赞助计划的预算、赞助的形式和赞助宗旨；为达到最佳赞助效果而选择的

赞助主题和传播方式；赞助活动的具体实施方案等。通过合理的赞助计划，可以起到控制赞助范围，防止赞助规模超过组织的经济承受能力和节约开支的作用。

（三）赞助活动的实施

在实施赞助活动的过程中，派出公关人员对活动进行控制，并运用公共关系的各种手段、方法和技巧，尽量扩大传播的范围和影响力。

（四）赞助效果的评价

组织在投入资金进行赞助活动后，要对赞助效果进行评价，检查是否达到赞助目标，存在哪些不足之处，应为以后组织的公共关系活动提供哪些经验教训。

四、赞助活动的注意事项

搞好赞助活动应注意赞助的切实可行性，并能够与各方保持好联系，对赞助进行密切监控，同时还要做好赞助活动的宣传和推广工作。

（一）切实可行

企业组织的赞助活动，应以自身所面对的社会环境为出发点，制定出切实可行的公共关系政策、方针和策略，切忌盲目。

（二）保持与各方的联系

企业应将公共关系政策公之于众，应保持与被赞助者和需要赞助的活动组织者之间的联系，用财政预算的应捐款项，及时帮助求助者。另外，企业应将赞助计划列入企业为其生存和发展创造环境的长期计划，分清所需赞助事业的轻重缓急，逐步实施。

（三）随时监控

企业的公共关系部，应随时把握社会赞助的供求状况，做到灵活掌握赞助款项。

（四）做好宣传

企业对赞助活动一定要做好宣传推广，才能够使其善举"广"行，由此创造出良好的社会效益，得到社会的广泛支持。

巴菲特的"午餐"

巴菲特是大众公认的"股神"，他是很多财富崇拜人心目中最想亲见的最有价值的投资人。而作为公益性的格莱德基金会，最先发现并充分利用了人们对"股神"膜拜的价值，来帮助更多弱势群体。

格莱德基金会位于美国西部城市旧金山，股神沃伦·巴菲特自 2000 年起每年拍卖一次与他共享午餐的机会，把拍卖收入捐给美国慈善机构格莱德基金会，用于帮助旧金山地区的穷人和无家可归者。

经过 Ebay 网的拍卖推广，使得巴菲特的"午餐"价格 10 几年间涨了 138 倍，在 2012 年达到近 346 万美元。因此，巴菲特的"午餐"被称为是目前世界上最贵的午餐。

你有没有通过这个事件，想到更有价值的慈善午餐设计呢？

第四节 组织展览会

展览会，是指组织通过集中的实物展示和示范表演，配之以多种传播媒介的复合传播形式，来宣传产品和组织形象的公共关系活动。展览会是较为重要的公共关系专题活动之一，它以极强的直观性和真实感，给观者以极强的心理刺激，不仅会加深参观者的印象，而且可大大提高组织和产品在参观者心目中的可信度。同时，展览会还可以吸引众多的新闻媒介的关注，由记者将展览会的盛况传向社会，取得更好的宣传效果。所以说，展览会是一种集多种传播媒介于一身的宣传形式。

一、展览会的作用

展览会通过实物、模型和图表来进行宣传，不仅可以起到教育公众、传播信息、扩大影响的作用，还可以使组织找到自我、宣传自我、增进效益。

（一）找到自我

中国有句古话："酒香不怕巷子深。"的确，高质量的产品会得到社会的认可，广大消费者会对其产生偏好。另外，大凡好东西都会驱使消费者自愿为其进行宣传。然而随着商品经济和科学技术的高度发展，产品竞争日趋激烈，若不借助其他的工具，人际间的传播已很难使好酒飘香万里。如今，组织通过展览会就可以让外界公众了解到组织的产品和其他信息。

（二）宣传自我

展览会通过实物、文字、图片、图表等客观手段，来展现成果、风貌和特征，与其他形式的宣传效果相比较，其说服力大大提高，这会使社会公众对组织及其产品的信任度大大提高。优质的产品、精美的图片、动人的解说、艺术的陈设加上轻松的音乐，使参观者有愉悦之感，极大地强化了组织宣传的感染力。

（三）增进效益

公共关系的基本原则是：真诚合作、互利互惠。作为一个组织，找到自我、宣传自我是十分必要的。但是，要想最终得利，就必须以真诚的态度，为社会、为公众服务。展览会在宣传自我、告诉社会公众"庭院深处有好酒"的同时，又服务于社会，为消费者提供购物指导，美化公众的生存环境，最终也促进了组织经济效益的增长。

二、展览会的类型

展览会很多，从不同的角度，可以划分不同的类型：

（一）从展览会的性质分，有贸易展览会和宣传展览会

贸易展览会的目的是做实物广告，促进商品销售，展出的主要是实物产品。宣传展览会的目的是为了宣传某一观点、思想、信仰，或者是让人们了解某一段历史。这种展览会通常通过展出照片资料、图表及有关实物达到宣传效果。

（二）从举办的地点来分，有室内展览会和露天展览会

室内展览会较为隆重，不受天气影响，举办时间也灵活，长短皆宜。大多数的展览均在

室内举行。但室内展览会的设计布置较为复杂，所需费用也较多。露天展览会的最大特点是：设计布置较为简便，场地较大，可以放置大型展品，所需费用也不多，但受天气影响较大，往往由于天气原因而影响展览效果。常在露天举办的展览有农副产品展览、花展、灯会展等。

（三）从展览的商品种类来分，有单一商品展览会和混合商品展览会

单一商品展览会是指展出的商品品种单一，型号和牌子相对较多，并出自同一行业的各个不同的厂家，因此，竞争较为激烈，如汽车展览会。混合商品展览会展出的商品种类多，参加展出的厂家来自不同行业，如广交会。

（四）从展览的规模来分，有大型展览会、小型展览会和微型展览会

大型展览会通常由专门的单位主办，参展企业通过报名加入。这种展览规模一般很大，参展项目多，搞好展览会要有很高的展览会组织技术。小型展览会的规模较小，一般由企业自办，展出的商品也是企业自己生产的。微型展览会是指橱窗展览和流动车展览。此类展览看似简单，但要求开展该类型展览会时，设计上要具吸引力，才能取得较好的展出效果。

此外，还有国内展览会和国际展览会、固定地点展览会和流动展览会、长期展览会和短期展览会等。组织要根据自己的情况和目标，恰当地选择展览会的类型，以达到更好的效果。

三、展览会的组织

展览会为组织开展公关活动提供了一个良好的机会，组织应该充分利用这个机会展示自己的产品，传递必要的信息，加强与社会公众的直接沟通。为使展览会办得卓有成效，组织应认真做好以下工作：

（一）分析参展的必要性和可行性

在举办展览会之前，首先要分析其必要性和可行性。展览会需要投入较多的人力、物力和财力，如果不进行科学的分析论证，就有可能造成两个不良后果：一是费用开支过大而得不偿失；二是盲目举办而起不到应有的作用。

（二）明确主题

每次展览会都应有一个明确的主题，并将主题用各种形式反映出来，如主题性口号、主题歌曲、徽标、纪念品等。必须弄清楚是要宣传产品的质量、品种，还是要宣传组织形象；是要提高组织的知名度，还是要消除公众的误解。

（三）构思参展结构

组织经营生产的产品，其组合的深度、广度、密度各不相同，项目和品牌差别也很大。哪些产品参展，其参展产品的深度、广度、密度如何确定，参展产品项目和品牌怎样搭配，都需要认真构思。

（四）选择地点和时机

地点的选择要考虑三个因素：交通是否便利；周围环境是否有利；辅助系统如灯光系统、音响系统、安全系统、卫生系统等是否健全。如果自己组织展览会，宜选在交通方便、环境适宜、设施齐全的地方。

阅读材料

摊位设计的神奇效果

实业界巨子华诺密克参加了在芝加哥举行的美国商品展览会，很不幸的是他被分配到了一个极偏僻的角落，任何人都会看出，这个地方是很少有游客来往的。但他没有放弃，和设计师一起把热情投入到对摊位的设计中去。最终他们设计出了一个古阿拉伯宫殿式的摊位，那摊位前面的大路变成了一个人工做成的大沙漠，使人们走到这摊位前，就仿佛置身阿拉伯国家一样。华诺密克让雇用来的245个男女职员全部穿上阿拉伯国家的服饰，特别是那些女职员只露出两只眼睛。他还特地买了6只骆驼来作运输货物之用。在展览会开幕前，这个摊位已引起来参加展览会的商人们的兴趣，通过报纸的争先报道，引来了更多市民的注意。开幕那天，展览会内飞起了无数的气球，这些气球到空中自动爆破，变成一片片胶片撒下来，上面写到"当您们拾这小小的胶片时，你们的好运来了，请你们拿着这胶片到华诺密克的阿拉伯摊位去，可换取一件阿拉伯纪念品，谢谢您！"消息马上传开了，人流纷纷涌向那个摊位。展览结束后，华诺密克先生做了2000笔生意。

（五）准备资料，制定预算

准备资料是指准备宣传资料，如设计与制作展览会的会徽、会标及纪念品、说明书、宣传小册子、幻灯片、录像带等资料，包括展览会的背景资料、前言及结束语、参展品名目录、参展单位目录以及展览会平面图等资料的撰写与制作。举办展览会要花费一定的资金，如场地和设备租金、运输费、设计布置费、材料费、传播媒介费、劳务费、宣传资料制作费、通讯费等。在做这些经费预算时，一般应留出5%～10%作准备金，以作调剂之用。

（六）培训工作人员

展览会工作人员素质的高低、掌握展览的技能是否达到标准，对整个展览效果起着关键作用。因此，必须对展览会的工作人员（如讲解员、接待员、服务员、业务洽谈人员等）进行培训，培训内容包括公关技能、展览专业知识和技能、营销技能、社交礼仪等。

第五节 庆典活动

庆典活动，是指组织在其内部发生值得庆祝的重要事件时，或围绕重要节日而举行的庆祝活动，组织一般将其视为一种制度和礼仪。它可以是一种专题活动，也可以是大型公关活动的一项程序。庆典活动往往给公众留下"第一印象"。现代组织的管理者应想尽办法利用庆典、利用合情合理的活动，让人们自觉自愿地接受。显然，这是与现代公共关系为建立信誉而扩大知名度、提高美誉度的思路相吻合的。

一、庆典活动的形式

庆典活动的形式一般有开幕庆典、闭幕庆典、周年庆典、特别庆典和节庆活动等五种。

（一）开幕庆典

即开幕式，就是指第一次与公众见面的、展现组织新风貌的各种庆典活动。

（二）闭幕庆典

闭幕庆典是组织重要活动的闭幕式或者活动闭幕时的庆祝仪式。

（三）周年庆典

周年庆典是指组织在发展过程中的各种内容的周年纪念活动。目前各大商家都利用周年庆典来推销产品。各类组织也会利用周年契机，对组织形象进行推广。

（四）特别庆典

特别庆典是指组织为了提高知名度和声誉，利用某些具有特殊纪念意义的事件或者为了某种特定目的而策划的庆典活动。如电影杀青的庆典活动、企业的开张庆典等。

（五）节庆活动

节庆活动是指组织在社会公众重要节日时举行或参与的共庆活动，这里的重要节日可以是中国的传统节日，也可以是源于西方的节日。

二、庆典活动的组织和安排

具体地说，要办好一次庆典活动，应认真做好确定来宾、合理安排庆典活动程序、做好接待及后勤、保安等一系列工作。

（一）确定来宾

庆典活动应精心选择对象，邀请与组织有关的政府领导、行政上级、知名人士、社区公众代表、同行组织代表、组织内部员工和新闻记者等前来参加。

（二）合理安排庆典活动的程序

庆典活动的程序，一般由几项内容组成：安排专门主持人宣布活动开始，介绍重要来宾，由组织的领导和重要来宾致辞或讲话；有些活动，需要有剪彩和参观的安排；安排交流的机会（或座谈、宴请，或安排喜庆、余兴的节目，席间进行交流）；重要来宾的留言、题字（该项活动也可安排在活动开始前）。

（三）安排接待工作

庆典活动开始前，应做好一切接待准备工作。接待和服务人员要安排好，活动开始前所有有关人员应各就各位。重要来宾的接待，应由组织的领导亲自完成。要安排专门的接待室或会议室，以便在正式活动开始前，让来宾休息或与组织的领导交谈。入场、签到、剪彩、留言等活动，都要有专人指示和领位。

（四）做好各类后勤工作

庆典活动的现场，需要有音响设备、音像设备、文具、电源等。需要剪彩的，要有彩色绸带。在特殊场合，也要准备鞭炮、锣鼓等。宣传品、条幅和赠予来宾的礼品，也应事前准备好。赠送的礼品要与活动有关或带有企业标志。另外，为活动助兴，可以安排一些短小精彩的文艺节目，这些节目可以组织内部人员表演，也可以邀请有关文艺团队或人员表演，节目力争要有特色。

总之,要做到认真充分、热情有礼、热烈有序,使庆典活动取得成功。

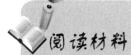

TKH集团成立13周年庆典活动

TKH集团成立之初,仅仅是荷兰的一家制作光线的乡镇企业,经过13年的发展,已经成为了一个全球有20多家子公司的跨国企业。在其成立13周年之际,公司为感谢当地社区居民的支持和员工的努力,决定举办大型庆典活动。

庆典活动的目标:增加TKH集团核心员工的向心力,培养员工对企业的价值认同。

庆典活动参加人群:TKH集团本部所有员工及海外各分公司中层经理、核心技术人员。

庆典的活动内容:
1. 由集团总裁进行企业发展演讲。
2. 组织海外员工和集团员工共同参加各项运动会比赛项目。
3. 邀请周围社区居民与员工共同进行唱歌、跳舞等舞台娱乐活动。
4. 提供各种免费的饮料及食品给参加庆典的员工及周围的社区居民享用。

庆典活动组织:
1. 定制集团周年庆典统一服装分发给集团员工。
2. 为集团内各海外分公司参加庆典员工组织集团公司文化宣讲及相关区域旅游安排。
3. 向当地农场主租赁活动场地,供集团海外员工进行区域文化感知体验。
4. 为集团员工发放周年纪念品。
5. 为海外参加周年庆典的员工供应返程机票及送机安排。

通过庆典的组织安排,该企业的员工深入地感知到了企业的文化和价值观念,也很好地维护了组织与周围社区的关系。

思考题

1. 如何组织接待无预约的推销人员?
2. 哪种赞助方式比较有利于企业形象塑造?
3. 如何为商场组织有特色的周年庆典的活动?

拓展训练

训练1 请大家分组为所熟悉的品牌房地产、品牌汽车或者是其他熟悉的品牌产品进行品牌形象调查,在调查分析的基础上,给出具体品牌形象改善的活动策划方案。

训练2 近年来,蒙牛的企业形象一直在走下坡路,企业的经营业绩也难以展现当年的辉煌。如果你是蒙牛企业的公关人员,请你为蒙牛乳业做一个全面的企业形象诊断,并从多角度设计，来为蒙牛乳业设计一个开展全面的公共关系活动的方案。

案例分析

案例1　北京长城饭店的调查工作

北京长城饭店是1979年6月由国务院批准的全国第三家中外合资合营企业。1983年12月试营业，是北京五星级饭店中开业最早的饭店，是北京第一座玻璃大厦，北京80年代十大建筑之一。随着改革开放的深入发展，北京新建的大批高档饭店投入运营，饭店业竞争日益加剧。长城饭店之所以能在激烈的竞争中立于不败之地，成为京城饭店的佼佼者之一，除了出色的推销工作和优质服务外，饭店管理者认为，公共关系工作在塑造饭店形象上发挥了重要的作用。

一提到长城饭店的公关工作，人们立刻会想到那举世闻名的里根总统的答谢宴会、北京市副市长证婚的95对新人集体婚礼、颐和园的中秋赏月和十三陵的野外烧烤等一系列使长城饭店声名鹊起的专题公关活动。长城饭店的大量公关工作，尤其是围绕为客人服务的日常公关工作，源于其周密系统的调查研究。

长城饭店日常的调查研究通常由以下几个方面组成：

（一）日常调查

1. 问卷调查

每天将表放在客房内，表中的项目包括客人对饭店的总体评价，对十几个类别的服务质量评价，对服务员服务态度的评价，以及是否加入喜来登俱乐部，客人的游历情况等等。

2. 接待投诉

几位客务经理24小时轮班在大厅内接待客人反映情况，随时随地帮助客人处理困难、受理投诉、解答各种问题。

（二）月调查

1. 顾客态度调查

每天向客人发送喜来登集团在全球统一使用的调查问卷，每日收回，月底集中寄到喜来登集团总部，进行全球性综合分析，并在全球范围内进行季度评比。根据量化分析，对全球最好的喜来登饭店和进步最快的饭店给予奖励。

2. 市场调查

前台经理与在京各大饭店的前台经理每月交流一次游客情况，互通情报，共同分析本地区的形势。

（三）半年调查

喜来登总部每半年召开一次世界范围内的全球旅游情况会，其所属的各饭店的销售经理从世界各地带来大量的信息，相互交流、研究，使每个饭店都能了解世界旅游形势，站在全球的角度探讨经营方针。

这种系统的全方位调研制度，宏观上可以使饭店决策者高瞻远瞩地了解全世界旅游业的形势，进而可以了解本地区的行情；微观上可以了解本饭店每个岗位、每项服务及每个员工工作的情况，从而使他们的决策有的放矢。

综合调查表明，任何一家饭店，光有较高的知名度是远远不够的，要想保持较高的"回头率"，主要是靠优质服务，使客人满意。怎样才能使客人满意呢？经过调查研究和策划，喜来登集团面对竞争提出了"宾至如归方案"。计划中提出,在3个月内对长城饭店上至总经理下至一般服务员进行强化培训,不准请假,合格者发证上岗。在每人每年100美元培训费基础上另设奖金,奖励先进。其宗旨就是向宾客提供满意的服务,使他们有宾至如归的感觉。随着这一方案的推行,饭店的服务水平又有了新的提高。

问题:

1. 长城饭店在公共关系调查方面对我们有何启示?
2. 如果你是总经理,你认为长城饭店还应从哪些方面来做好日常的公共关系工作?

案例2 农夫山泉的"一分钱"活动

"再小的力量也是一种支持。从现在起,你买一瓶农夫山泉,你就为申奥捐出一分钱。"从2001年1月1日至7月31日,销售每一瓶农夫山泉都提取一分钱,以代表消费者来支持北京申奥事业,这就是农夫山泉的全民支持申奥的"一分钱"活动。

企业不以个体的名义,而是代表消费者群体的利益来支持北京申奥,这个策划在所有支持北京申奥的企业行为中是一个创举。在商界,农夫山泉的举措无疑是英明的。事实上,农夫山泉自诞生以来,便与体育事业特别是中国奥运有着非同寻常的渊源。从1998年法国世界杯足球赛、中国乒乓球队历次国际大赛、悉尼奥运会,直到这次全民支持北京申办2008年奥运会的"一分钱"活动,养生堂牵手中国体育事业的脉络清晰可见:不直接介入体育产业。因为既然是产业,就要以利润为第一考虑,这样一来就必然影响甚至排斥其他公益目标。竞技体育只有一个冠军,而养生堂想的是双赢,甚至是多赢全赢,大家都是冠军。此次全国动员的"一分钱"活动,意义显然在于此。2000年7月,中国奥委会特别授予养生堂"2001—2004年中国奥委会合作伙伴/荣誉赞助商"的称号,养生堂拥有中国体育代表团专用标志特许使用权。养生堂由此成为中国奥委会及中国体育代表团最高级别的赞助商之一,也是最早与中国奥委会建立合作伙伴关系的赞助企业。

2001年1~5月,农夫山泉销量已完成2000年全年销量的90%,一份来自国内贸易局商业信息中心的数据显示,在全国38个城市近2000家超市的夺金战中,农夫山泉的品牌含金量又多了一分。

问题:

1. 农夫山泉的"一分钱"活动有哪些创新之处?
2. 如何以企业行为带动社会行为,使品牌得到更大范围的传播和认同?

第四章 危机公关

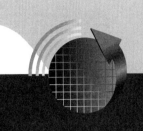

知识目标

1. 认识危机的特征
2. 了解危机的类型
3. 掌握危机的预防和管理
4. 掌握危机处理的原则和技巧

能力目标

1. 能够挖掘出组织中存在的各种潜在危机，并做好预防和管理
2. 能够对发生的各类危机事件进行及时、妥善的处理，并合理化解

任务4

为了维护企业形象，避免出现企业的危机，公关部经理要求各个工作小组作为危机管理小组，制定危机管理预案，预设一种危机事件场景，并据此设计处理该事件的步骤和技巧。

任务要求

1. 掌握危机管理的内容。
2. 熟悉并掌握处理顾客投诉和危机管理的流程和方法。

任务实施步骤

1. 小组讨论，制定危机管理预案。
2. 讨论超市出现的问题并进行分析，确定小组可能面对的危机情景。
3. 小组设计危机事件发生的情景小品剧，并进行情景表演。

成果形式

1. 危机管理预案。
2. 情景模拟小品的故事脚本。

 **理论知识**

处理各种危机，是目前公关从业者面对的主要问题。作为公关人员，必须首先了解危机公关，清楚危机的特征及类型；并能够处理好危机的预防和管理；当危机发生后能够采用恰当的方法来进行处理。

第一节 危机公关概述

危机公关并不是常规的公共关系工作，它只是在组织发生危机事件时才存在。但危机处理意识和机制应当是常备的。人们通常所说的危机，一般是指由非常性因素所引起的某种非常事态，其外延非常广泛，如财政危机、金融危机、经济危机、能源危机、军事危机、管理危机等等。公关危机是各种危机中的一种特殊类型，是指由于组织内部或外部的种种因素，严重损害了组织的声誉和形象，使组织陷入了强大的社会舆论压力之下，并处于发展危机之下的一种公共关系状态。这种状态如果不迅速改变，就会影响到组织的生存，所以称之为公关危机。危机公关，是指组织危机的公共关系处理。具体地讲，就是任何社会组织，为了解决给公众带来损失、给企业形象造成危害的危机事件，以及为预防、扭转或改变组织发展的不良状态，所采取的公关策略与措施。

 一、危机的特征

危机有许多特征，认识这些特征，有助于我们重视和处理危机事件，建立危机预警制度，面对危机能忙而不乱地进行处理。危机主要有以下几个方面的特征：

（一）突发性

危机事件一般是在组织毫无准备的情况下突然发生的，因此会引起组织内部和外部公众的恐慌和混乱，使人措手不及，如果没有任何危机应急措施，就可能造成更大的损失。

（二）难以预测性

组织所面临的危机往往是在正常情况下难以预料的，因此，有些危机事件的发生是不可预测的，特别是一些不可抗力的因素导致的危机，如地震、海啸、台风、雪灾、政变等更是复杂，难以预料和抗拒。危机发生后，会给组织带来各种意想不到的困难，只能在处理时力争挽回一些损失和及时补救。

（三）危害的严重性

危机无论是导致了生命财产的损失，还是损害了组织的形象，对组织、公众乃至整个社会都会造成相当大的损失。对一个组织而言，可能会破坏其正常的运转秩序，使组织陷入混乱，而且还会对组织将来的发展、经营带来长远而持久的影响，成为组织挥之不去的阴影。

（四）舆论的关注性

现代社会传播技术十分发达，由于危机的严重危害性，自然容易引起媒体和公众的极大关注，成为社会舆论的焦点、热点问题，是媒体最有价值的新闻素材和报道线索，有时甚至会牵动社会各界、全世界大众传媒的关注。所以说，危机对组织的影响是非常深刻而广泛的，组织如何在危机后及时有效地进行处理，是至关重要的。

（五）普遍性

危机的发生带有普遍性，大到一个国家，小到一个组织，都可能遭遇到灾难和不幸事件。世界上许多跨国公司，诸如雀巢、可口可乐、三星等，在其发展的过程中都遇到过性质不同、表现形式各异的危机。美国绝大多数组织领导人认为"组织发生危机如同死亡和税收一样，是不可避免的"。

（六）复杂性

危机事件一旦发生，无论是危机控制、危机处理，还是协调与危机有关的方方面面，都非常复杂，往往涉及比平时更多的人，需投入更大量的钱财和物资。通常，一个组织发生灾难事故，又造成人员伤亡的话，涉及的单位、部门有时多到几十个。

二、危机的类型

危机一般是难以预料的突发事件。从危机的诱因来看，企业一般面临以下几种危机：

（一）不可抗拒型危机事件

不可抗拒型危机事件指由不可抗拒的外部力量所引起的事件。如天灾所造成的重大损失（地震、洪涝、风灾、雹灾等自然灾害）、突发性的全国或世界性的商业危机或经济萧条、社会政治大变革、战乱等。

（二）组织外部型危机事件

组织外部型危机事件是指非社会组织成员有意或无意造成的事件。如不法分子的蓄意破坏、陷害、诽谤等，并不是社会组织自身的过错，但是它往往对组织形象有着严重的损害，这就要求社会组织要学会自我保护和自我防御。

（三）组织内部型危机事件

这种危机的发生主要是由该社会组织的成员直接造成的，危机的责任主要由该企业内部的成员承担。

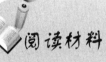

肯德基 "秒杀" 风波

目前，在淘宝等大型购物网站中，"秒杀"的发展可谓迅猛。由于商品价格低廉，往往一上架就被抢购一空，有时只用一秒钟。

肯德基在2010年4月份，也组织了一次网络秒杀促销活动，"原价64元的肯德基外带全家桶，凭超级特价"特别秒杀优惠券"只需32元就可以买到；香辣/劲脆鸡腿堡套餐，凭券买一赠一……"这场肯德基推出的超值优惠，却在南京引发了一场空前的"兑券门"。大量手持优惠券的市民在肯德基要购买外带全家桶和汉堡时，却被告知，不接收这两种秒杀优惠券，并将它们定义为"假券"。

面对"假券"，各大门店给出的解释不同，同样的优惠券在不同门店的处理方法也不一样。在南京金润发店，只有外卖全家桶的券遭到拒绝使用，而店员表示并排印着鸡翅和鸡块的优惠券则可以使用。而到了金轮肯德基店，则成了"只有鸡块优惠券可以使用，其他都不可以"。官方说法，以及门店之间各自说法都不一样，显然"假券"之说让人难以信服。

天涯论坛上："肯德基突然取消半价全家桶优惠，出尔反尔，还我半价全家桶。"这个帖子引起不少关注，同时，在猫扑、百度贴吧等各大论坛，都有类似的帖子，有网友甚至把各地的秒杀券使用情况汇总，一并向肯德基投诉。但是肯德基在消协的兑现建议下，并没有给出相应的兑现行为，也没有公开进行道歉，对消费者的抗议一直回避，最后不了了之。

肯德基的秒杀事件，让众多地方的消费者对肯德基彻底失去信任感。肯德基在后续一段时间，一度陷入消费信任危机。

想一想，如果你是肯德基的公关人员，你会怎么处理该事件？

第二节
危机的预防和管理

虽然有些危机事件的发生是不可预测的，但组织也要进行一些预防准备，尽量把一些危机事件扼杀在爆发的初期阶段，减少经济和形象损失。在预防和处理危机方面，有这样一些工作要做：

一、寻找潜在危机源

分析企业危机产生的原因，对于制定正确的预防和处理对策有着十分重要的意义。企业危机事件产生的原因很多，包括安全问题、客户纠纷、集体跳槽、文化风俗与消费者习惯等等。

（一）企业人员自身素质低下

企业领导和员工素质如果较低，很容易让企业陷入人力资源危机，而且还难以有效地处理危机事件。素质低下就容易出现行为缺乏规范，工作不注重服务礼节，缺少商业信誉，职业道德缺失，甚至严重损害公众利益，伤害公众感情，这些都可能引发企业的危机事件。例如，加多宝和王老吉两个品牌，也因为基层员工发生冲突事件，使得公众对两个品牌产生不好的印象。

（二）管理缺乏规范

企业管理规范的缺失，通常会表现出基础管理工作不到位、生产技术缺乏标准、计量缺少规矩、操作没有相应的规章和流程，因而也就容易造成质量缺乏保证，带来隐患。目前产品质量危机是企业遇到的最大危机之一。

打火机在欧盟遇到的风波

打火机在我国日常生活中，通常都是注重简便实用、价格便宜，但是出口到国外，往往会对安全性考虑较多。在 2010 年第一季度，欧盟通过非食品类产品快速预警系统累计发布打火机商品违背欧盟相关法规13起，其中我国产品12起。在13起被通报的打火机产品中，有7起是无防儿童开启的CR装置的打火机；新奇打火机有3起，这些打火机易吸引小孩，尤其是年龄较小的儿童玩耍，容易引发燃烧和火灾，违背欧盟的决议；还有3起因打火机的火焰高度超标以及打火机跌落后气体容易扩散等缺陷，容易引发燃烧和火灾，不符合欧盟要求。根据产品在国内外消费者中的关注差异性，想一想我国企业应该从哪些方面做好产品安全预防工作？

（三）经营决策失误

企业经营决策失误是造成企业危机事件的重要原因之一。在目前国际竞争加剧的同时，企业经营方向性的失误、时机的失误、策略的失误等更容易导致企业陷入危机，甚至是直接导致破产。

例如在2002年初，张海接受任命为健力宝董事长。上任后，张海就决定放弃原先健力宝定位的健康、运动的形象，转而重新塑造时尚、大众化的形象，快速推出了"第五季"和黑色瓶身的"爆果汽"系列，但因为黑色瓶身吸热效果过强，导致很多上市产品变质过快，退货现象普遍，使得健力宝经营业绩下滑严重。

（四）法制观念淡薄

企业组织经营活动必须守法办事，依法正常开展工作。如果经营中有违法行为，就可能招致企业危机的产生。如偷税漏税、违法排污、走私贩私等，都会让企业陷入危机，导致企业破产甚至倒闭。

（五）公关行为失策

企业公共关系行为失策的表现很多，如组织公共关系策划不当，造成公众利益损害；或者是在公关活动实施中，前期缺乏充分必要的准备；或者是在面对与公众的纠纷之时，企业不主动承担错误和责任，以致酿成信任危机；或者是在公共关系开展中，忽视公关调研，损害企业声誉；以及一些公共关系活动中疏于传播沟通，忽视与公众的信息交流，造成企业形象宣传塑造不到位等等。

（六）同行企业间的恶性竞争

当企业遭遇外部其他组织的不正当竞争时候，如果处理不得当，很容易使企业面临严重的经营危机和诚信危机。这种恶性竞争控制不好，会导致整个行业的危机。

比如在2010年，蒙牛和伊利各自聘请公关公司，相互抹黑，向媒体公开爆料对方产品的缺陷，最终损失的是两家公司的美誉度，造成全世界消费者对整个中国乳业的集体不信任感。消费者更期待两家公司联合为善，共同改进中国乳业的不规范、不科学的做法，来提升中国乳业品质。

（七）政策体制的变化

国家经济管理体制和经济政策是企业难以控制的外部因素。它对企业的经营和发展产生重大影响，如国家环境保护政策法规的变化将使很多处理污染能力差的中小化工企业面临生存危机；各地政府为了控制环境污染，开始对车辆销售总量控制，也是对各大汽车销售单位发展的约束。

（八）公众的自我保护

随着消费者权益保护法的不断完善和法律的普及，消费者学会了用法律维护自己的利益。如消费者的反污染、反噪声活动等等，这些都会让企业随时遭遇到新的危机。

二、对危机的预控和管理

一般组织需要成立危机管理小组，建立员工危机预防的意识，对危机进行分析，来对危机进行预控和管理。

（一）成立危机管理小组

危机管理小组的成立是预防和解决危机的基本保证。危机管理小组平时主要工作为：对危机进行预测分析，制定相应的危机防范和处理的方案。危机管理小组在危机发生后可以立即投入运转，平时通过对企业内外部的信息沟通联系，来分析存在的问题中会引起危机的方面，提出相应的危机应急计划和处理危机的具体政策措施，以防止出现临时性的慌乱。同时加强和媒介的交流和沟通，在危机发生后把部分事实真相反映给媒体，防止媒体道听途说，让公众产生更大的误解，并让企业陷入更加被动的状态。

（二）建立员工危机预防意识

建立员工危机预防的意识，使员工懂得如何应对危机，是企业做好危机预防和管理的关键。通过发动员工参与危机预测，将危机表现情况和发生时相对应的措施、其他企业发生的危机案例等内容配上一些图片，以通俗易懂的语言通过公司的内刊、群或者网站等渠道向员工传递如何面对危机的信息，让员工树立起危机的防范意识，帮助员工建立处理各种危机的心理准备。针对不同的危机问题，危机管理小组要确定口才好、应变力强的公关人员作为对外发言人，代表企业对外发布信息，防止发言不统一造成谣言泛滥传播。

（三）对危机进行分析

危机管理小组成立后，需要分析危机发生的频率、危机发生的影响力、危机管理的难度、危机引起的公众关注度。通过对危机的系统分析来帮助组织做好危机预案。

第三节
危机的处理

一、企业危机传播的阶段及表现特征

在互联网日益发达的时代，信息传播的速度提高，如果遇到负面消息传播范围会扩大到全世界范围。负面信息的传播会削弱公众的信任感。因此，企业要掌握危机传播的特点，并及时进行跟踪。

不同类型企业危机事件发生的时间不同，表现的特征也不同，因此要妥善处理好危机，必须了解企业危机所处的阶段和特征。

（一）危机的酝酿期

在危机的酝酿期，危机会表现出问题激化，并有加大控制难度的预兆，很多情况下会被忽视。如果有敏锐的洞察力，在这个阶段可以通过及时控制将危机消灭。在这个阶段，危机信息传播源正在逐渐形成。

危机的酝酿是一个时间相对较长的过程，在实际中，危机的爆发往往是因某个突发事件所引发，但危机存在的隐患却是有很长时期的忽视才酝酿而成的。比如，在员工无礼对待消费者的案例中，可能是员工的服务态度一直没有进行跟进和改善；而产品的质量危机，可能由于企业在开发、采购、质量控制、生产、运输等各个环节中长期疏于控制，才会导致产品质量问题的发生。

（二）危机的爆发期

在危机的爆发期，危机已经显现，很多媒体进行关注，并进行大量的转发，对媒体缺乏接触的人可能相对比较迟钝，但是人际间口头传播会使影响面迅速扩大。这个阶段的主要特征是，危机已经彻底被暴露，企业如果处理及时，可以逆转，否则将会转化为更加难以控制的状态。危机爆发期也是企业需要及时引入危机管理的阶段。

（三）危机的扩散、蔓延期

危机发生后，通过媒介、组织及人际间的传播，信息会不断地迅速进行扩散，受众知晓率也会成爆炸式增长。这个阶段企业必须尽快对危机加以有效控制，使得舆论朝向企业预想的方面发展。

这个时期的主要特征是：大众的好奇心被激发，对危机关注较高，并迫切需要获得各种信息来了解企业危机的真相；而原因又在进一步的调查中，因此会通过媒体、知情人等各种渠道来获得信息。信息的扩散使得事态不断发展，危机的本质原因却还不完全明确，各种现象和各种猜测在传播中不断暴露。

在危机信息传播上，该阶段的信息内容多样而且比较复杂：有准确的信息，也有不准确信息；有现场目击者传播的信息，也有各个方面猜测的信息；所有的信息都会随着事态的发展变化而出现多次复制，导致危机处于更加多变且难以控制的状态。

（四）危机的减弱、消失期

当危机的真相被公众熟知后，通过企业对危机事件的处理、原因的调查，事情有了结果，当事人得到相应的补偿和安慰，公众和媒介的关注也会逐渐减弱、消失。在该阶段危机继续传播，但是随着公众对危机信息的充分了解，关注的兴趣下降和消失，或转到其他兴趣点，公众对危机的注意力也在发生转移。

二、处理危机的原则

在危机发生以后要积极地应对和处理，在处理危机事件时，要遵循一些基本原则：

（一）及时性原则

及时是危机处理的第一原则。赢得时间意味着减少损失。危机出现后组织要立即采取行动，组织领导召集危机管理小组开紧急会议，商量处理危机的政策和方法，了解危机情况、严重程度，迅速控制事态的蔓延，及时报告有关领导和政府部门，与新闻媒介联系，向有关部门请求紧急援助。及时快速的反应可以将危机的损害尽可能减小。

（二）人道主义原则

在危机发生后，不论是什么原因造成的危机事件，组织不能推卸责任，首先要挽救生命财产、治病救人，发扬人道主义精神，安慰受害者及其家属，对自己的问题不要回避，态度要诚恳，给予适当的经济补偿。组织要高姿态，有理智，不能感情用事、不尊重事实。

（三）冷静原则

危机事件发生后，不论其有多严重，处理人员应冷静、沉稳，不要因事务繁多、关系复杂使自己变得急躁、烦闷，不可信口开河。在遇到危机时，只有冷静、沉着，保持积极的心态，才能处理好危机事件。

（四）客观性原则

在危机处理的过程中，应全面准确、公正客观地对待危机事件，对外公布事实真相，不要掩盖组织的过失，发布的信息要及时、准确，前后一致，要排除主观、情感的因素，公平、坦诚地对待受到损害的公众。

（五）灵活性原则

由于危机事件有一个发生、发展的过程，处理危机的预定方案或抢救方案考虑得不一定周全，因此，为了使组织的形象和声誉不继续受到损害，处理危机事件时就必须灵活运作，随危机事件的发展变化而有针对性地提出有效的措施和方法。

（六）维护声誉原则

国外危机管理专家指出，公共关系在危机事件中的作用是保护组织的声誉。这是危机处理的出发点和归宿。在处理危机事件的全过程中，公关人员要努力减少危机所带来的对组织声誉和形象的损害，争取公众的谅解和信任。现在，各国不合格产品的召回制度，就是组织在发现产品的质量问题或技术上的缺陷时要把所有售出的产品召回，以预防危机事件的发生。组织的这种做法是本着维护组织声誉的原则，表明对公众负责的态度。

三、危机处理的过程和对策

（一）危机处理的过程

1. 成立危机事故处理小组

危机发生后，首先要成立危机事故处理小组，小组成员要包括涉及本次危机的相关核心人员。在小组成员分工上，有专门负责事故调查的人员，也要有专门负责理赔和慰问的人员、媒体信息发布人员等等。

2. 深入现场来了解事实真相

危机发生后，需要深入现场，了解危机发生的真正原因，对危机发生时涉及的相关人员及具体物品进行调查。例如雀巢奶粉在碘超标问题发生后，相关负责人首先了解举报人反馈的具体信息、受害者遭受的损害程度及希望获得的补救方案；并对生产工艺环节进行检查，深入检查具体产生碘超标的原因，寻找产生危机的真正原因，为后来管理控制碘超标问题打下了很好的基础。

3. 控制事态的蔓延，以降低损失

危机发生后，要尽快进行妥善处理，来控制住事态的蔓延扩散，让企业的名誉及物质损失降到最低的程度。例如，在2013年3月的禽流感疫情发生后，为了控制疫情蔓延，各地政府迅速停关菜场家禽售卖场所，每天对疫情进行监测并上报。各大院校免费供应板蓝根类抗病毒药，很多医院成立专门诊治H7N9的专业治疗小组。各大媒体对防治情况及时告知公众，通过采取多种措施，疫情很快得到了有效的控制，避免了扩散面的持续增大。

4. 根据情况分析来确定对策

危机发生后，企业公关人员要对危机发生的情况进行分析，确定危机的破坏力及影响力，并根据危机的性质来制定相应的对策。

5. 召开新闻发布会

危机发生后，要找出正确合理的解释，并要及时与媒体进行联系，组织召开新闻发布会，公开发布信息，确保媒体得到正确的信息，而非从其他渠道获得不利于组织的虚假信息。

6. 组织力量积极开展行动

危机发生时要及时地组织各种力量，积极开展各种行动，进行危机控制和管理，否则企业将会陷入更大的被动状态。在2008年三鹿奶粉被检出含有三聚氰胺后危机大爆发，其实在该危机发生之前一年，三鹿集团已经发现产品问题，并有记者对该问题进行报道。但是三鹿集团一直存在侥幸心理，对初期进行爆料的媒体采取禁止发布的措施，试图阻止媒体进行信息发布。直到危机爆发，全国范围内大面积出现受害儿童，在问题难以掩盖的情况下，企业的问题才彻底暴露于公众面前，企业也直接进入了毁灭状态。如果三鹿集团在早发现问题之时就回收问题奶粉，并严格管控住奶源，那么中国乳业就不会出现如今如此衰落的状态。

7. 认真处理善后工作

危机发生后，要认真地处理各种善后的赔偿、安慰、关怀等工作，平息公众愤怒的情绪，并能够对受害者及时进行治疗，降低受害者的受害程度。例如在2013年9月，江西女童爬进海尔洗衣机致死事件报道后，海尔集团及时进行发布公开信，表达慰问和进行问题处理的说明。同时专门派人员到事发地进行产品试验，并配合警方完成后续调查取证工作。

8. 总结调查

危机发生后，要及时进行总结，吸取教训，挽回信誉，教育员工。调查危机发生的潜在可能性，并进行危机排除。

我们可以从下面这个案例，来看看危机不当处理的后果：

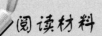

宝洁SK-Ⅱ危机公关兵败之鉴

事件发展：9月14日，国家质检总局发布，来自宝洁公司旗下SK-Ⅱ 9种化妆品含禁用重金属铬和钕。

宝洁反应：坚称产品绝未添加禁用物质。

事件发展：9月15日，宝洁公司与中国相关政府部门就SK-Ⅱ下架一事进行沟通。

宝洁反应：消费者可按宝洁制定原则到SK-Ⅱ专柜退货。

事件发展：9月16~18日，各地SK-Ⅱ问题产品纷纷下架，并出现退货潮。

宝洁反应：再次重申产品是安全的。

事件发展：9月20日，日本驻华大使馆称：SK-Ⅱ产品出口前未经过检验。

宝洁反应：声明称每一批产品都经过检验。

事件发展：9月22日，上海质检局宣布再次查出3种SK-Ⅱ产品含违禁物。

宝洁反应：宣布暂时退出中国市场，并停止专柜退货，改为电话退货。

事件发展：9月23日，韩国、新加坡等国纷纷检测出SK-Ⅱ问题化妆品。

宝洁反应：暂未撤出国外市场，国内电话退货方案仍未实施。

8天时间，SK-Ⅱ面对危机事件态度180度大逆转：从进口SK-Ⅱ被检出含有违禁成分到宝洁中国发出暂停销售、全面撤柜的声明。在这次危机面前，宝洁为何显得如此脆弱？

想一想，宝洁公司处理危机不当的表现在哪里？导致危机失控的原因是什么？

（二）危机处理的对策

1. 及时统一内部员工思想

迅速成立处理事件的专门机构，统一协调处理危机，并及时告知全体员工以下信息：危机发生的原因、造成的危害及对外的处理方法等。让员工能够知道面对媒体的采访时，该如何应对；面对外界公众的询问时，该如何处理；面对上级部门检察时，该如何配合等。各方面都需要进行及时告知，统一给出处理的方针政策及具体应对策略。否则将会让企业陷入被动的境地。

比如在媒体采访时，冠生园库房管理员告诉媒体记者，库房里的存馅都是一年前的。一句话就让冠生园面临危亡之境地，大众对冠生园的良好印象很快变质，使冠生园多年经营起来的品牌形象毁于一旦。

2. 对受害者道歉和补偿

危机发生后，如果有受害者，那么首先要考虑对受害者进行人文关怀，降低受害者的心理创伤程度，及时对受害者道歉，并给予具体的物质补偿，从而树立起企业负责任的形象。当然，对于企业来说，也要从危机发生的真正原因进行调查，辨识受害者的真实情况，不能盲目对各种恶意制造危机的受害者进行道歉和补偿，否则会让外界公众误认为企业存在很多问题，反而让企业陷入更大的危机。

例如 2009 年底，一名叫马赛的年轻人因喝的雪碧被情人投毒，而出现中毒症状，此人知道真相后竟阴谋向雪碧公司索赔。经过雪碧公司报警进行调查，发现是一起人为投毒事件。作为受害的雪碧公司，如果对于这种恶意索赔进行道歉和赔偿，反而会助长不法犯罪分子的嚣张气焰。

3. 及时向上级主管部门汇报

危机发生后，要及时对上级主管部门进行汇报，争取获得上级主管部门的支持。当主管部门进行监管时，要及时进行配合，争取使危机得到及时的处理。

例如，在 2005 年可比克薯片被报道铝超标后，公司及时告知国家食品质量监督检验中心，委托对方进行检验。通过国家权威机关的介入检验，获得了公正的检测结果，使企业免受更大损失。

4. 对消费者作出解释，并强化消费者监督

危机发生后，要对危机发生的原因、处理的方法以及控制措施等方面及时进行解释和说明，并强化让消费者进行监督。

"三聚氰胺"问题奶企名单曝光后，蒙牛通过对外公开生产工艺过程，告知公众奶源控制措施，邀请消费者参观等方法，很快重获大众对该企业的信心。

5. 对新闻界进行信息公开

危机发生后，要及时对新闻界进行信息公开，并引导媒体往有利于自己的方向进行信息报道。

例如 2005 年肯德基被报道出苏丹红事件后，肯德基及时进行货品下架处理，并告知媒体，调查发现苏丹红来源于原料供应商。于是很快媒体开始报道肯德基的供货渠道信息。最后通过调查，问题最终锁定于相关的供应商身上，通过信息的引导，大众的注意力很快从肯德基店面延伸到原料供应上，也很好地化解了媒体对肯德基店面运营方面的过度关注。

思考题

1. 危机发生后，该如何处理与媒体的关系？
2. 如何预防产品发生质量危机？
3. 危机发生后，如何统一内部员工想法？
4. 危机发生后，如何处理与相关单位的关系？

拓展训练

训练1 超市中经常会出现产品即将过期或者变质也未卖掉的情景。2013年，家润多超市发生了因为断电一天，造成多种冷鲜肉、冷鲜鱼类的变质，如果你是超市的公关人员，面对超市中出现的食品隐患问题，你该如何处理？

训练2 目前我国国产牛奶问题层出不穷，经常会看到媒体曝光该类产品的各类问题的报道，假设你是某乳业公司的公关负责人，你会如何应对各类问题的报道。

案例分析

案例1 "三一"集团起诉奥巴马总统

2012年9月份，中国最大的工程机械制造商"三一"集团收购美国风电场的项目计划，因离美国军事基地比较近，遭到了奥巴马总统的反对和美投资审查委员干涉，导致该项目投资夭折，造成达两千万美元的直接损失。面对收购失败和美国媒体将会提出的"三一"威胁美国国家安全的舆论危机，"三一"集团巧妙地利用美国大选敏感时期，人们对奥巴马的关注度提升，提出了起诉奥巴马的申请，顿时引起了国内外媒体对"三一"集团的关注。2012年10月18日，"三一"集团召开新闻发布会，就风力发电项目在美受阻一事起诉奥巴马政府事件说明。

"三一"集团起诉奥巴马，很快因为媒体的宣传和推广而获得了很高的关注，为企业的知名度提升起到了很大的作用。同时，作为中国企业，起诉美国奥巴马总统，给众多海外受打压的企业树立了积极维护合法权益的榜样，维护了民族的尊严。

问题：
1. 请你对"三一"集团起诉奥巴马总统的可借鉴之处进行评价。
2. 结合案例，分析将企业的危机转变为机会有哪些具体的做法。

案例2 当药成为毒药，他们如何公关？

2012年4月15日，中央电视台曝光国内9家药企的13种产品采用了铬超标的空心胶囊，在国内外引起广泛关注。

药品作为治病救人的产品，却存在着让人中毒的安全隐患，一时间随着大批量的媒体报道，让胶囊药戴上了"毒胶囊"的帽子。迫使有关"毒胶囊"生产的药品企业，必须面对突如其来的危机。在危机面前，这些涉事的药企有四种处理类型：

（1）类型一：事后诚恳面对问题型

面对公信力较强的中央电视台的报道，很多医药企业知道无法进行抵赖，在被曝光后，丹东市通远药业有限公司和铬含量超标最严重的通化颐生药业股份有限公司公开宣布召回被曝光批次的胶囊药物。这两家药企通过积极认错，并召回"毒药"，体现出了对消费者负责的态度。

（2）类型二：积极进行"辩论"型

该类企业遇到其他企业的问题产品被曝光后，首先进行证据寻找，试图表明企业的清白。如修正药业方面起初回应称，其生产的胶囊完全合格，并将委托第三方进行检测。

在央视曝光修正的"问题胶囊"4天后，修正药业才开始在官网公开致歉，召回问题药品。

吉林省辉南天宇药业股份有限公司在公司官网上曝光企业所生产的2009年药品参照执行2000版药典标准，按照2000年药典标准，其所生产的抗病毒胶囊（产品批号：091102）为合格产品。

公众对于这类辩论型企业，并不会因其所谓合理的解释而对其产生信任感，相反会因此给该类企业贴上不诚信的标签。

（3）类型三："望风"型

本次监测出的9家有问题药品的药企中，也有部分涉事药企没有任何回应。对于行业内群体出现的问题产品，这类企业选择"保持沉默"，静观事态发展，避免媒体的跟踪报道。像通化金马药业、通化盛和药业等开始一直不做回应，在舆论关注的压力下，最后见形势不利，众多企业采取积极召回的措施后，也相继召回问题药品。

（4）类型四："硬挺"型

蜀中制药在回答记者有关企业涉嫌铬超标事件的提问时表示，该厂药品是运用自己检测的标准，并表示其检测结论"是符合国家相关要求的，企业自检胶囊铬不超标"。

但事后四川蜀中制药的胶囊剂生产车间被当地药监部门查封，公众对其自己检测的做法也持很强的不信任感。

作为医药企业，经营获得利润是核心，但是治病救人更是应放在首位考虑的问题，如果药品没有救人而是害人，那么中国老百姓对医药的防备之心将难以解除。

问题：

1. 对于此次事件涉及的药企，危机发生时正确的做法应该是什么？
2. 这些药企该如何挽回公众的信任？

第五章
CIS策略与公共关系

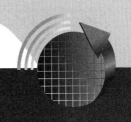

知识目标

1. 了解 CIS 的意义和作用
2. 了解 CIS 的构成要素
3. 掌握 CIS 策划的基本流程
4. 掌握公共关系和 CIS 的关系

能力目标

1. 能够进行 CIS 的策划
2. 能够进行视觉识别系统的设计

任务 5

为了提升企业形象,扩大影响力,恒大有限公司决定实施 CIS 策略,现要求公关人员根据企业的实际情况为企业制定一份 CIS 策略方案。

任务要求

通过调查分析,形象定位,建立理念形象(MI)、行为形象(BI)和视觉形象(VI),打造企业形象。

任务实施步骤

1. CIS 调查,包括企业实态调查、企业形象调查等,写出 CIS 调查报告。
2. 建立企业理念识别系统。
3. 建立企业行为识别系统。
4. 建立企业视觉识别系统。
5. 建立企业综合感觉识别系统。
6. 建立企业信息传播识别系统。
7. 编写企业形象系统手册(CIS 手册)。
8. 编写企业形象系统宣言(CIS 宣言)。

成果形式

以工作小组为单位,每小组制作一份调查报告、CIS 手册和 CIS 宣言。

理论知识

随着市场经济的发展,企业竞争的手段更加多样化和复杂化,从商品力、营销力的竞争,发展到企业形象力的竞争。公共关系是塑造企业良好形象的一种重要方法。随着公共关系理论和实践的发展,CIS 战略在企业竞争方面的作用日益显现,成为公共关系理论和实务研究的重点内容。

第一节 CIS 概述

一、CIS 的内涵

(一) CIS 的含义

CIS 是 corporate identity system 的缩写,即企业识别系统,简称 CIS,习惯上也称 CIS 战略。

CIS 是组织将其理念、行为、视觉、听觉形象及一切可感受形象实行统一化、标准化与规范化的科学管理体系。CIS 可以用于一切组织,因企业界使用得较多,所以社会上普遍称之为"企业识别系统"。

对 CIS 的含义可从以下几个方面来理解:

(1) CIS 不仅体现在企业的视觉识别上,比如大家常见的商标、标准字、标准色、广告招牌、徽章等,而且表现在企业的理念、精神、经营宗旨、目标以及企业风格、企业文化和企业战略上。这种识别系统不仅反映企业个性,而且被公众所识别和认同。CIS 通过经营哲学的具体化,形成可观、可闻、可感知的系统,而不是空洞的理论和策略。

(2) 企业在导入 CIS 时首先必须得到内部员工的认同。只有得到员工认同的 CIS 才能在企业中持续、全面地运作,不能认为这仅仅是设计人员和企业决策层的事情。在企业内部管理中,把企业理念识别系统转化为员工的价值观,形成企业中自上而下的统一价值观,并在管理行为和员工行为规范中体现出来。

(3) CIS 战略必须运用各种媒介和渠道进行传播,使企业得到社会各界公众的认同,从而达到企业实施 CIS 战略的目的。

(二) 实施 CIS 战略的意义与作用

CIS 是公众辨别与评价企业的依据,是企业在激烈的市场竞争中赢得公众认同和支持的有效手段,具有其独特性和鲜明性,并借助于各种宣传媒体传达给企业内外部的公众,以产生强大的社会影响力和制胜效果。

1. CIS 能提高企业的形象和知名度,是企业的无形资产

CIS 的实施有利于企业个性的展现,良好的企业形象容易被公众所接受,对开拓市场和促进销售起到了积极的推动作用。公众对导入 CIS 的企业，容易产生组织健全、制度完善、管理科学的印象，增加对企业的信赖感和认同感。CIS 战略的实施不一定会立刻带来经济效益，但它能扩大企业的知名度，使企业获得社会的认同感，提升了企业形象竞争力。有人说："产量和销售的上升是给企业建起自己的钢筋水泥大厦，形象设计则为这个钢筋水泥的大厦披上万丈金辉，使之有擎天立地之感。"

企业导入 CIS 是企业投资的无形资产，会带来不可估量的经济效益和社会效益。世界著名品牌如可口可乐、索尼、奔驰、柯达、迪斯尼、雀巢、麦当劳、IBM、百事可乐等，都因导入 CIS 而名扬全球，从而带来非常可观的经济效益。

2. CIS 能传播统一信息

企业的一切活动都直接或间接地传递着企业的信息，在传递信息的过程中，需要耗费大量资金，如果信息不统一，不仅会浪费宣传经费，还可能引起公众的反感，造成无法弥补的损失。CIS 战略的实施，传播了企业的独特、鲜明、个性化的统一信息，增强了信息的可信度。CIS 使企业在公众面前体现了理念、符号、口径、行为相统一的形象。多角度、立体化的全面、统一的形象能加深消费者的印象，使消费者能从众多的企业和商品中识别出自己想获得的产品和服务，而不必浪费时间和精力去寻找商品。

3. CIS 有利于新产品的上市

CIS 的导入不是为了某一特定商品的推广，而是宣传企业的形象，保持企业的生命力。我们从有悠久历史的企业的经营模式中可以看到，每次新产品推向市场时，其设计与广告都具有连续性，消费者通过识别这样有良好形象的企业而获得对新产品的认识。通过统一的 CIS 提示消费者产品更新换代了，功能更好了，产品更成熟了，不会导致新产品信息的混乱而引起消费者的怀疑。

4. CIS 能激励员工奋发向上的精神

良好的企业形象可以使全体职工有一种归属感、优越感和自豪感，在工作中能培养与企业同呼吸、共命运的价值观念，建立统一意识，提高员工士气，最大限度地激励员工，也能吸引优秀人才，使企业保持旺盛的活力。

5. CIS 有利于降低广告费用

导入 CIS 后，通过各种统一的信息传播强化了传播效果，同时以各种应用要素增加了信息传播的频率。企业所属各公司、部门可以将统一的设计形式应用到所有的项目上去，这样既可以节省各自为政的设计制作费用，减少无效的传播时间，又避免了视觉传播的混乱、繁杂和相互干扰的现象出现。

麦当劳快餐店以一个金色拱门的 M 形象配以金黄色的标准色，形象鲜明，高度统一，让人在很远的地方一眼就能认出。麦当劳以高度统一、鲜明的形象走遍全世界而无须做很多的广告。

6. CIS 使企业走上国际化道路

中国已经加入 WTO，意味着企业将在家门口迎接国际化的竞争。企业不仅要在国内市场上创造出名牌，还要走向国际市场。在传媒技术高度发达的今天，一个企业将不可避免地遇到不同国家、民族和文化的差异而带来的各种问题。CIS 战略是企业树立国际形象的重要手段，使得企业在不同国家和地区能够以统一的信息和形象被世界各国的消费者识别，在各国交流中形成一种共通的无声语言和识别信号。

海尔,真诚到永远

"海尔"集团在企业扩张的过程中,通过资产运作而涉足许多新领域,如电视机、医药、空调、手机、电脑等新产品,但在宣传方面始终打出"海尔,真诚到永远"的企业理念和统一的视觉识别系统。消费者通过识别著名的"海尔"品牌而识别这些领域的"海尔"产品,因为对"海尔"企业及品牌的信任而对新产品产生认同,所以"海尔"推出新产品的投资会比较小,且成功的概率很大。

"海尔"走向国际市场就是靠坚持自己的品牌和全世界统一的形象,一句"海尔,中国造"成了世界语言,也塑造了一个世界著名大企业的形象,从而使"海尔"走上国际化道路。

二、CIS 的发展

在不同国家、不同的环境条件下,不同企业 CIS 战略运用的方式不同,从而形成了具不同发展特点的 CIS 战略模式。

(一) CIS 战略在欧美的发展

最早在 1914 年德国 AEG 电器公司统一设计了商标,并将商标应用到包装、便条纸和信封上,这对统一企业视觉信息起到了积极作用。1947 年,意大利的"奥利维帝"打字机制造公司聘请专家为公司设计专用的公司标志和标准字。这两家公司可以看作是首先运用 CIS 视觉识别的先驱。

CIS 的出现是工业时代企业大量涌现后激烈市场竞争的结果。CIS 正式发起于 20 世纪 40～50 年代的美国,70 年代达到全盛。这一时期,美国的 CIS 战略比较侧重于设计,并在沟通企业观念的标志、标准字、商标上下功夫,还较专注于视觉统一方面,以此作为企业识别系统的战略核心。例如,美国把企业识别定义为:"CI 是以标准字和商标作为沟通企业理念与企业文化的工具。"到了 80 年代后期,美国企业界和理论界研究日本的 CIS 战略,发觉日本的 CIS 战略注重企业文化的内涵,此后美国的企业界也开始尝试全面的 CIS 战略。

可口可乐的"阿登计划"

1965 年可口可乐公司希望把可口可乐塑造成青年歌手般的形象,并策划了一个影响世界饮料市场的计划——阿登计划,委托 L&M 公司进行总体设计。L&M 公司花费几个月的时间,从数以百计的方案中选出"阿登计划"的核心——正方形中配置 Coca-Cola 书写体的标准字,并将 Coke 瓶形特有的弧线轮廓赋予绶带的象征。标志诞生后,随即进行了组合运用设计要素的实验。这一改进与统一,使得可口可乐名声大振,销售更为火爆,利润倍增。

(二) CIS 战略在日本的发展

日本在 20 世纪 60 年代引入 CIS 理论和方法，70 年代后在日本企业界开展了一场形象革命，获得了巨大的成功，成了世界上导入 CIS 最成功、最成熟的国家。日本引入 CIS 较早的是松下电器公司，公司创始人松下幸之助先生十分推崇美国福特的经营管理方法。福特是美国较早进行 CIS 实践的公司，并取得了成功，所以松下公司在不知不觉中实践着 CIS 战略。

进入 20 世纪 80 年代以后，企业发展到通过重塑员工意识来带动企业的改革，通过开发新产品、塑造新形象来突出自己的地位、吸引人才，使日本式 CIS 战略有了创新并形成了自己的特色。日本式 CIS 战略的重点在于企业文化上，包括企业对社会的使命和责任感、企业精神、经营哲学、经营理念、策略方针，以及企业对外行为活动，如市场调查、促销活动、社会公益性或文化性活动等。这些"软件要素"与视觉识别系统有机结合起来，构成日本 CIS 战略的完整体系，在指导企业经营上取得了举世瞩目的成就。

(三) CIS 战略在韩国的发展

韩国的企业界对 CIS 战略认识比较迟，在国际贸易中，常常因为没有自己的品牌，出口海外时由经销商贴上品牌进行销售，售价远远高于出口时的价格，结果大量的利润被经销商拿走，而生产厂家长期无法树立自己的产品品牌和企业形象。在参考了日本企业的做法后，韩国的企业开始思考这个问题，在 20 世纪 80 年代后期，引入企业识别系统，并进一步发展成了韩国的 CIS 理论，即企业形象使命 (CIP) 的新概念，其中的 P 是 Project，意思是非完成不可的使命和任务，形成韩国的企业加入国际市场竞争的目标和战略。这项计划得到了韩国政府的支持和扶植。其中，国民银行、现代集团、三星集团率先导入 CIP 系统，并取得了成功，成为国际著名企业。

(四) CIS 战略在中国的发展

1949 年新中国成立以后，铁路系统的 CIS 系统是比较成功的，由"人"和"工"组成的"仐"，图案标识，简洁、明了、美观、大方。"人"寓意为人民铁路，为人民服务是铁路的基本宗旨；"工"寓意为工字钢型铁轨的横断面，表明这是铁路企业，又可比喻为工人阶级当家做主的企业；"仐"的整体形象又可抽象地视为火车头的正面形象，寓意充满力量，奋勇向前，势不可挡。

改革开放后，中国 CIS 发展进入新的历史时期。CIS 这种新的学科、新的设计观念和技法，在 20 世纪 80 年代中期伴随着改革开放的浪潮传入中国。广东太阳神集团在 1988 年开始就实施企业名称、商标、产品名称三位一体的策略。其商标的图案以简练、强烈的圆形与三角形构成基本元素。公司在推进 CIS 的过程中，还进行了大量卓有成效的公关活动，如赞助教育、文化、体育事业，宣传独特企业文化，因此迅速提高了企业的知名度，在全国公众心目中树立了良好的企业形象，赢得了消费者的信任，以惊人的速度占领并覆盖了市场。公司在短短的五年内由一个普通专业厂发展成为产品多元化、经营多角化的跨国企业集团。太阳神集团公司导入 CIS 的成功探索，被理论界称赞为"中国特色的 CIS 经典"，开创我国企业导入 CIS 之先河。

从 20 世纪 90 年代中期开始，正泰、德力西、康奈、报喜鸟、吉尔达、庄吉、奥康、红蜻蜓等一大批中国驰名品牌，彻底改变了消费者对温州产品的偏见。CIS 的热潮由南向北、由东向西逐步扩散。企业开始从 CIS 初期以视觉为主导的"表象性 CIS"走向深入，更注重整体形象的提升与重塑、经营理念和行为规范的全面导入。

进入21世纪，CIS开始向纵深发展。其典型特征是以品牌为导向和核心，将导入CIS的着力点集中在建立和培育国际知名品牌、实施品牌战略、提高市场竞争力这一主线上。加入WTO后，CIS发展方向也同国际化"品牌导向"接轨。

三、CIS的组成要素

CIS是一项系统工程，主要由MIS（理念识别系统）、BIS（行为识别系统）、VIS（视觉识别系统）三个相互关联、相互作用的部分构成，如图5-1所示。此外，有时还可增加AIS（听觉识别系统）、EIS（环境识别系统）这两个部分。

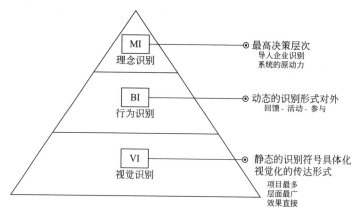

图5-1 CIS最基础的构成三部分

（一）MIS（理念识别系统）

MIS（mind identity system）中文为"理念识别系统"，是CIS的灵魂。企业经营理念的明确与完善，是企业实施CIS战略的关键，是企业最核心的内涵，是整个CIS运作的原动力和实施基础。

企业理念是一种企业整体的价值观和经营思想，指经营观念和经营战略的统一。通常由组织的精神、核心价值观、使命和宗旨、准则等组成。MIS的形成需要来自企业内大多数员工对企业存在的意义、社会使命、发展方向和发展目标的认同，而且MIS中的核心价值观一般不随趋势和时尚的变化而变化，甚至也不随市场状况的变化而变化。管理先进的企业往往能够自觉地认识到这一点，从而能自觉地明确、统一、完善、更新自己的理念系统。

1. 企业理念识别系统的设计意义

根据马斯洛的需要层次理论，人的最高层次的需要是"尊重和自我实现的需要"，是人的行为的最高层次的动力。在组织中用理念来协调人们的行为，既能充分发挥每个员工的自主性和创造性，又能使他们的行为自觉趋向一致，构成团结和谐的整体。它是一种无形而有效的管理方式，是企业的精神支柱。古今中外，理念在指引人的行为和形成组织凝聚力方面都有着独特的、不可替代的作用。

2. 企业理念识别系统的设计原则

首先，企业理念应反映企业存在的意义、企业的志向和远大目标，包括经济目标和社会目标，指引企业前行的方向。

第二，企业理念应得到企业员工的认同，同时符合公众的心理需求，而并不是企业家个人意志的表现。

第三，企业理念的设计要有个性，突出企业文化和精神境界，不要和其他企业的理念相雷同，独特、新颖、具有创造性的理念能给人留下深刻的印象，增强其识别功能。

最后，企业理念在提炼成口号、观念时，应高度精练、语言简练、朗朗上口，易于记忆和理解，适宜传播，不会产生歧义和让人误解，要用老百姓能懂的语言再现哲学家般的思维高度。

（二）BIS（行为识别系统）

BIS（behavior identity system）中文为"行为识别系统"，有人称之为"企业的手"，指在企业经营过程中，在理念识别系统的指导下，展现企业内部的制度、组织、管理、教育、生产、研发等，并扩展到企业外部的活动以及各项社会公益性活动，以获得社会的承认和肯定。它以理念识别为基础和原动力，直接规范着企业内部的管理、教育以及企业对社会的一切活动，构成塑造企业形象的重大支柱之一，在塑造企业形象中具有其他识别系统无可比拟的巨大功能。

行为识别系统是通过具体行动来塑造企业形象的，包括对内和对外两个方面的内容。

对内活动包括企业组织结构、管理制度、干部教育、员工教育（服务态度、礼仪仪表、敬业精神）、工作环境、生活福利、生产设备、公害对策、研究开发项目等。企业之间的差别不仅体现在理念的提法上，更重要的是由企业员工的行为反映出来。如果企业的经营理念是追求卓越，那就应该培养员工的追求卓越、奋发向上的精神，以生产、研发、技术革新、严格管理等方面展示出来。

对外活动包括市场调查、产品推广、公共关系、市场开拓、促销活动、流通策略、销售渠道以及社会公益活动等。企业要在社会公众中树立良好的形象，产品的一流品质和优秀的服务是基础，同时还要广泛开展公共关系活动和社会公益活动，提高企业的知名度和美誉度。有了行为识别系统，企业的理念才能落到实处，推动企业良性发展。

（三）VIS（视觉识别系统）

VIS（visual identity system）中文为"视觉识别系统"，有人称之为"企业的脸"，是企业的"门面"。视觉识别系统是对企业理念的静态表现，是企业形象的直观展示。心理学研究表明：人所感觉接收到的外界信息中，83%来自视觉，11%来自听觉，3.5%来自嗅觉，1.5%通过触摸，另有1%来自味觉。由此可以看出，视觉是人们获取信息的主要渠道。

CIS中VIS的内容清晰可见、非常鲜明，具有极强的感染力和很好的视觉传播效果，是在企业经营理念的确定和战略范围经营目标制定的基础上，运用视觉传达方法，通过企业识别符号来展示企业独特形象的设计系统，目的是刻画企业的个性，突出企业的精神，凸现企业特征，使企业内部、社会各界和消费者对企业产生一致的认同感。

（四）AIS（听觉识别系统）和EIS（环境识别系统）

AIS（audio identity system）中文为"听觉识别系统"，主要作用于公众的听觉。有些企业在导入CIS时，不仅设计了鲜明、直观的VIS，还创作出了动听的企业歌曲和广告曲，成为传播企业形象的又一重要手段，在实践中成为企业内部激励员工、凝聚员工的工具，对外成为公众识别的要素。设计良好的AIS，具有出人意料的传播效果。大多数国家都有国歌，军队有军歌，著名企业有自己的企业歌曲。

EIS（environment identity system）中文为"环境识别系统"，环境识别是"企业的

家"。随着经济的发展和社会文明程度的提高，EIS 的竞争作用会越来越明显。环境识别包含的内容很多，如在企业门面上标有企业名称、标志、口号、厂区环境整洁、空气清新，通道设计合理、科学、美观、实用，有文化宣传设施，楼道、室内的指示系统完善，智能化通讯设施、安全设施齐全，环境绿化和美化，雕塑、吉祥物的设计和摆放、组织环境风格与社区环境融合等。

商业企业良好的购物环境和完善的服务设施越来越成为竞争的关键，消费者不仅购买了商品，而且享受了服务和环境，即使价格高些也愿意接受。EIS 的统一也是连锁业、特许加盟业发展的一个明显体现和前提条件，没有 EIS 的统一，公众难以识别这样的企业。EIS 也在工业企业中得到重视，花园式厂区就是工业企业为了吸引人才、提高工作效率、争取公众和社区信任的体现。

四、CIS 战略的发展方向

随着社会经济环境的变化以及人类对企业经营要求的进一步提高，企业识别系统（CIS）理论也在逐步发展和完善。近年来，CIS 战略的发展方向主要有两个方面：

（一）从 CIS 到 CS 的演变

在 20 世纪 80~90 年代，当中国的 CIS 战略兴起时，在全球工商界又形成了一种新型的企业观念，即 CS（customer satisfaction）战略。CS 战略是"使顾客满意的战略"，是指企业为了使顾客能完全满意自己的产品和服务，综合客观地测定顾客的满意程度，并根据调查分析结果，整个企业一体化地改善产品、服务及企业环境、企业文化的一种经营战略。它在"顾客至上"理念的指导下，要建立让顾客满意的产品、服务、环境、文化、视听等系统的标准，最终形成让顾客满意的形象，从而推动企业的发展。

CS 战略的基本观念是"顾客至上""顾客总是对的""一切为顾客着想""一切为顾客服务"。CS 战略是建立在 CIS 的基础上的，是 CIS 外延的扩大和内涵的延伸，即企业的 CIS 战略实施要让顾客对企业的理念、行为、视觉识别体系等方面感到满意，以及对产品和服务满意。

（二）从 CIS 到 CE 的发展

CE（corporate environment）中文为企业环境战略，是人类可持续发展的需要和环保意识增强的结果。科学技术的发展带动工业的突飞猛进，人类在享受高度物质文明的同时，又受到来自环境被破坏的威胁，自然资源日益匮乏也是影响工业进一步发展的关键因素。越来越多的企业终于认识到环境的重要性。企业环境战略就是通过树立环境保护方面的优秀企业形象，从而使企业赢得公众的理解、信任、支持和合作，提高企业的知名度和美誉度的一种经营战略。

第二节
CIS 战略与公共关系

一、CIS 与公共关系的共同点

（一）共同的发展基础

CIS 战略和公共关系的发展基础是市场经济的发展所带来的社会经济与社会生活的改

变。自20世纪70年代以来,世界经济进入"印象时代",形成"商品力""营销力"和"形象力"三足鼎立的经济时代。随着商品经济的发展和人们生活水平的不断提高,在琳琅满目的商品面前,顾客显得比以往任何时候都犹豫不决。商品的功能特点和品质、技术越来越趋向同质化,消费者在选购商品时,取决于对某个企业、某种产品的综合印象和感知。这种印象和感知就是企业和产品在公众心目中的企业形象和产品形象。良好的企业和产品形象是企业的历史规模、产品品种、质量产量、技术水平、管理水平、价格与服务、营销能力等各种因素综合起来给消费者的印象。消费者选择购买这样的产品,觉得放心,又能带来信任、荣誉、个人偏好、情趣等方面的满足感。公共关系和CIS战略就是为了塑造这样的企业和产品形象而发展起来的新兴手段,这是人类文明进步的需要。

(二) 共同的发展条件

CIS战略与公共关系发展条件是市场经济的发展所带来的竞争加剧的结果。公共关系的作用是通过与公众的沟通,增进相互了解和信任,目的是塑造良好的企业形象,扩大企业的知名度和美誉度,从而取得公众的支持,使企业获得进一步的发展。CIS战略是通过企业内部加强管理,规范员工,对外采用统一的视觉系统进行宣传,希望给公众留下深刻而鲜明、独特的印象,在众多的企业和产品中能够识别出某个企业及其产品。市场经济中竞争日趋激烈的状况使得企业不得不采用公共关系的手段去争取公众的信任和支持,并采用CIS战略吸引公众的注意,引起公众的认同和支持。

(三) 共同的追求目标

CIS战略和公共关系追求的目标是树立良好的企业形象而获得较好的经济利益。公共关系以企业的自我完善为基础,以信息传播为手段,以塑造良好形象为目标。CIS战略以经营理念为主导,以规范行为为己任,以统一识别为表现,以追求完美为目标。公共关系的自我完善和CIS战略的统一识别都是在企业理念和价值观的指导下,开展公共关系活动,进行识别系统的设计和宣传,都是企业希望得到公众的认可和支持,以使企业得到长远发展。

二、CIS与公共关系的区别

(一) 策略的侧重不同

CIS战略侧重于组织自身的形象统一,从理念到行为规范、对外的视觉、听觉宣传的设计方面进行统一的规划;而公共关系更侧重于组织与公众的沟通,通过各项公共关系工作的开展去协调组织的环境。一方面组织自身要适应环境,另一方面通过组织公共关系工作的开展使环境朝着有利于组织的方向发展。

(二) 采取的方法不同

CIS战略实施要运用传播的手段对内、对外进行宣传,统一价值观、统一行为规范和视听信息,传播的内容均是正面的、恒定的,可以得到良好的信息反馈。但CIS战略的信息传播呈单向、多元化、稳定的特点,在一定时期和环境下没有太大的变化。公共关系的信息传播是双向对称的模式,是不断变化的,需要根据公共关系的策略、各个时期不同的公共关系目标和公共关系活动的开展,动态地进行传播。除此之外,公共关系还要进行调研,收集信息,为企业决策的制定提供依据,为各部门提供信息,做好接待、文秘等具体工作。

(三) 发挥的功能不同

CIS战略注重形象传播中的认知、识别功能的发挥,从而使一个企业的表现形式区别于其他的企业，使企业的形象鲜明可认。而公共关系除了争取公众的认识和了解以外，更重要的是争取社会公众的理解和信任，与公众建立起一种和谐、信任的相互关系。在公共关系中，认知和了解仅仅是前提，是传播的初级阶段，影响公众的观点、态度和行为是公共关系传播的最终目的，这是 CIS 战略所不能及的。

（四）投入的方式不同

CIS 战略是一项系统工程，是企业在一段时期内的工作重点，而在随后就按照这样规划好的系统进行运作，它强调全面导入，一次性投资很大。经过一系列调研、策划、设计，形成系统的标准化的企业标识，然后在企业内部和外部加以运用和统一。这其中涉及一切可用、可视、可感的东西，从企业宣传品的制作，到办公用品、建筑物、车辆、员工服装、招牌、包装物等都要重新更换。并且 CIS 战略要求必须按严格标准来执行，所以一次性投入很多。而公共关系是企业的一项管理职能，它随着企业的不断运转而不断投入，是一项长期性的工作，强调工作的连续性、效果的累积性。

（五）要求的条件不同

实施 CIS 战略要求企业必须具备一定的条件和导入 CIS 的时机，因为投入较多，所以并不是所有的企业都有实力和必要导入 CIS 的。首先，企业要具备正确的经营理念和组织结构，产品和服务品质稳定且具有一定的市场基础；其次，企业要有一定的经济实力，企业领导要有强烈的 CIS 意识，内部员工的素质好，能够接受这样的识别系统。因此，企业新建、重组，新产品上市，企业领导人更换，公司上市等是导入 CIS 的良好时机。而公共关系则是每个企业的日常管理活动的一部分，任何企业都离不开公共关系，只有发展良好的公共关系，企业才能顺利地生存和发展下去。

CIS 战略和公共关系之间的区别，正说明了两者具有各自不可替代的功能。

第三节
视觉识别系统的设计

CIS 中的视觉识别系统是通过视觉识别符号传达企业经营理念、战略及目标，展示其独特形象的设计系统，是企业内在本质的外在表现，也是层面最广泛、效果最直接、传播力和感染力最强的视觉传达形式。因此，CIS 的设计中，VIS 的设计是最复杂、最困难的系统，它的设计成功与否，直接关系到 CIS 战略的实施能否取得成功。

一、视觉识别设计的要求

（一）高度的统一性

高度统一性是 VIS 设计的基本要求，是企业精神、经营原则和目标的视觉化体现。希望将企业精神与消费思想、消费者情感相沟通的视觉形象，通过本企业产品以独特的造型、色彩、包装和商标来吸引消费者，让他们在眼花缭乱的商品中作出选择。

在企业经营过程中，企业与环境系统之间进行着不断的信息交流，传递信息的途径也很多，信息内容也不一样。在这种情况下，如果缺乏完整统一的视觉识别系统，就容易造成企业形象的分裂。企业因为信息的不统一甚至互相矛盾的情况而造成精力和资金的浪费，更严重的可能会引起公众的困惑和不信任。反之，企业采取组织化、统一性的信息处理方法，就可以传达统一的信息，塑造独特的形象，并提高信息的可信度。

（二）有效的传播性

VIS 的设计是一种目的性很强的作业，是将企业理念、文化特质、服务内容等抽象语意转换为具体符号的理性设计和视觉表现，而不仅仅是艺术创造。在 CIS 中的视觉设计应该而且必须体现企业的精神、理念、价值观和经营战略，而且 VIS 的设计应易于推广和应用。企业的价值观、理念等是通过视觉识别系统的有效传播反映出来的，而不是简单的口号和标语。

（三）严格的规范化

VIS 的设计工作几乎包括企业的所有层面，操作难度相当大，要求进行严格的规范化操作。随着企业规模日趋扩大，连锁业、集团化、跨国公司成为企业的主要形式，这样庞大的企业，如果没有统一合理的标准化管理方法和视觉识别系统，就无法开展经营活动。

二、视觉识别系统的作业流程

视觉识别系统的设计包括基本要素的设计、应用要素的设计和 CI 手册的编制，它也是 CIS 中一个复杂、关键的系统工程。

（一）基本要素的设计

基本要素包括企业名称、企业标志、标准字体、标准色、商标品牌、象征图案和吉祥物、企业宣传口号、标语等，要求达到使人过目不忘的效果。基本要素的设计是对原有的要素进行梳理，对不合要求的可重新设计。

1. 企业名称设计

企业名称要"名正言顺"。企业名称是企业信息与公众心灵之间的第一个接触点，要能提供尽量多的理念信息，成为传达企业理念的一种方式。企业名称在设计时要让人产生联想，带有吉利、优美、高雅的提示和联想，以反映企业自身的品位和意图，在市场中争取好的印象。

红豆——爱的种子

中国的"红豆"集团，被国外译成"爱的种子"，产品之所以畅销不衰，扬名海内外，正是因为"红豆"是一个富有诗意的名字。人们非常熟悉和喜爱的诗句："红豆生南国，春来发几枝。愿君多采撷，此物最相思。"中国人自古就把红豆作为美好情感的象征。把这种诗情画意融入服装这种贴近人体的商品中，和消费者之间的感情紧紧联系在一起，"红豆"品牌以其丰富的文化内涵、特有的感情魅力吸引了广大消费者。企业名称是企业精神、经营思想的本质体现，被视为企业的人格，要反映企业的独特个性，避免混淆。

企业名称设计宜简短易记。美国著名的零售连锁店 Seven Eleven（意为 7～11 点）读来韵味十足，朗朗上口，令人难忘。杭州娃哈哈食品集团的取名也是成功的范例之一，"娃哈哈"是一种儿童营养液，其市场目标是儿童，宗旨是增强儿童的体质。为了体现这样的理念，曾广泛地征集名称，并组织了市场学、心理学、传播学、社会学、语言学等方面的专家对几百个应征名称加以分析和筛选，最后选中了"娃哈哈"。第一，"娃哈哈"发音简单、响亮，很容易被儿童接受和模仿；第二，"娃哈哈"表达了一种欢快喜悦的感受，能引起儿童的兴趣，符合他们的心理。企业名称应当是"音、形、意"的完美结合，以达到好听、好看、好记的效果，字形应不易混淆，音韵要求悦耳，以易读好写为原则。

2. 企业标志的设计

成功的企业标志应该具备以下几个特点：

首先，设计独特，与其他企业、组织的标志有明显的区别，能够确实代表企业。

其次，容易识别，使公众能一眼认出来，并且能理解其中的含义。

再次，实用方便，标志设计要能应用于小至名片，大至建筑物、绿地等各种场合上。

第四，美观大方，标志应给人以美感，简洁、明快、新颖别致、独具特色，有较强的视觉感染力。

最后，力求单纯，标志在造型上切忌烦琐、堆砌，否则就丧失了易看易记的功能。好的企业标志应该是高度精练，将审美和实用融为一体。

3. 标准字体的设计

标准字体往往与企业标志同时使用，运用广泛，出现频率很高，几乎覆盖了各种应用设计要素。标准字体的设计不但是信息传达的手段，也是构成视觉表现力的一种不可缺少的要素。

企业根据经营理念、企业文化的不同，塑造不同个性的字体，以传达企业性质和商品特征。用书法体作标准字体，具有古朴、稳重、端庄的特点；用美术体作标准字体，具有刚劲、有力、现代和多样的优势。不论哪种字体的笔画、结构都要遵循规则，虽然可以适当装饰或简化，但要符合现代企业高速度、高效率的精神，具备准确、易读的特点，达到传递信息的效果。标准字体设计的成功与否，还取决于造型因素，要使其富于美感、亲切感和创新感。

4. 企业标准色的设计

企业标准色是指定作为企业专用的一种或几种特定的色彩。俗话说"远看颜色近看花"，色彩是人们的视觉感受中最敏感的要素，能给人们留下深刻的第一印象。如"可口可乐"饮料的市场对象多为年轻人，所以选定活泼、鲜明而轻快的红色作为企业的标准色；而柯达公司的黄色则充分展示色彩饱满、璀璨辉煌的产品特征。

由于生活习惯、宗教信仰、社会文化、自然景观与日常用品的影响，人们见到色彩会产生各种具体的联想或抽象的感情，包括喜爱和禁忌。因此，企业在选定标准色时，也要考虑目标公众的色彩偏好和禁忌。

5. 企业造型的设计

企业造型是利用人物、植物、动物等基本素材，通过象征、寓意、夸张、变形、拟人、幽默等手法塑造出特殊形象，也称吉祥物。企业吉祥物因其醒目、活泼、具趣味性，较之严肃庄重的标志、标准字体更生动、更有人情味，能使人过目不忘，对于强化企业形象、提高宣传效果具有不可估量的作用，越来越受到企业的重视。企业造型具有很强的可塑性，并可根据经营环境、宣传媒体、促销活动的不同而制作各种变化设计，如欢迎、微笑、跳跃、奔跑等不同的表情、姿势、动态，强化企业造型的说明性与亲切感。

CIS中视觉识别基本要素设计出来后，就要严格规范地应用于各种应用系统中，把企业标志、标准字体、标准色等加以组合运用，产生统一、规范、标准化的视觉识别体系。

（二）应用要素的设计

这是对视觉识别系统基本要素的具体应用和体现，包括：办公用品系列，如便笺、信封、名片、文件夹、公章、工作证、发票、单据、收据、优惠券、贵宾卡、公文包等；产品系列，如产品的内在设计和外观装潢及包装、运输包装等；环境系列，如建筑物的外观及装潢、工厂、办事处、商店、货栈、仓库、修理厂等处的招牌、指示牌、路标等；广告系列，如电视广告、报刊广告、路牌灯箱广告、产品目录和说明书等；交通系列，如运输车辆、船、集装箱、传送带等活动载体的标志和色彩的设计；销售系列，如展览、橱窗、陈列室、货架、样品、物价卡、拎袋、宣传印刷品、服务指南、价目表等；服饰系列，如员工的工作服、安全帽、胸牌、手提袋、徽饰等；礼品系列，在礼品的内外包装上印制企业的标志、色彩以及其他信息。

（三）CI手册的编制

为了确保CIS概念准确无误的应用，创造完美、统一的企业视觉形象，还要对CIS的视觉识别基本要素及其应用的规定和方法编辑成一份权威性的指导文件，即企业识别手册，简称CI手册。CI手册就像企业产品的技术标准、管理规范，严格地规定了企业各类物品的规范标准和复制要求，保证无论何时何地在与该企业的接触中，其形象都能以同样的视觉语言传达出来。它还能使各类广告及传媒保持一定的设计水平，方便内部管理，提高效率，节约成本。

某楼盘 CIS 的整体方案

一、产品及市场分析

某楼盘地处苏州太湖风景区中心的长沙岛上，北靠杨梅山，南倚浩淼太湖，位于苏州西山风景区内，地理位置绝佳。东太湖旅游环线，贯穿多景区之间，为旅游提供诸多便利；太湖大桥与市环路相接通，出行可谓畅通无阻。

该楼盘由一家五星级酒店和百幢别墅构成。五星级酒店提供客房、餐饮、会议、商务、游泳、网球、美容、健身、健美、保龄球、真冰溜冰场、棋牌、游艺、歌舞、桌球等服务。绿树掩映中，风格各异、款式多样的百幢别墅点缀其间，其从整体到局部，均出自大家手笔，时尚设计，融合传统与现代建筑设计理念，荟萃中西建筑文化精华；高雅华贵，气派非凡；悉心铺陈的豪华寓所，显贵堂皇的住客会所以及生机盎然的花园庭园，一一完美展现。

苏州地区经济发达，人均GDP在全国处于领先地位，高档楼盘在当地有较大的需求市场。

二、CIS整体方案设计

（一）MIS设计

MIS是CIS的核心和最高层面，在整体方案设计中，其设计团队着重围绕企业经营理念、经营哲学、企业精神、发展战略目标、企业形象定位进行了精心设计。

1. 经营理念

提出了"营造诗意的居住意境，倡导全新的生活理性"的经营理念。

这一意境深远、令人回味的经营理念，向各界公众昭示：高品质的生活环境是人们梦寐以求的追求；科学的消费方式是时代发展的要求；使人获得全身心的发展，是社会进步的目的。该楼盘刻意为人们创造一个远离都市喧嚣，回归大自然怀抱，能够充分地品味人生，诗意般地栖居的美好生活意境，使古人"结庐在人境，而无车马喧""采菊东篱下，悠然见南山"的企盼成为现实。

2. 经营哲学

总结出了"以诚创造价值，以美装点生活"的经营哲学。

诚实守信是中华民族代代相传的祖训，也是现代企业必须信守的基本职业道德准则。通过此经营哲学表现出该楼盘开发商以一颗诚实、诚挚、诚恳、诚信的赤子之心服务于公众，奉献于社会，并从中获得价值回报。

诚实即美，美即诚实。写着"诚""美"大字的旗帜，永远激励着该楼盘开发商的全体员工开拓进取，推动事业的腾飞。

3. 企业精神

以"刚柔相济，百折不挠。柔似太湖水，刚如太湖石"作为企业精神。

这一企业精神表明：对公众和社会，苏州某房地产公司有博大的胸怀和满腔柔情；对事业，苏州某房地产公司有顽强而执着的追求精神。

4. 发展战略目标

近期目标，亦即通过3年的努力所要达到的目标是要成为：

（1）独具风格的现代高品质美丽生活园区；

（2）富有魅力的国内外旅游基地；

（3）国内一流的四个中心，即：①康复保健中心；②培训教育中心；③度假商贸会务中心；④吴文化展示中心。

5. 企业形象定位

企业形象定位为创造高品质的生活文化环境。

创造：创造全新生活质量和舒适的生存空间。

生活：阐述人与人、人与环境和谐的崭新生活观。

文化：培育高品位的文化氛围。

环境：有机整合得天独厚的生态环境与优秀的人文环境。

（二）BIS设计

BIS是企业具体可感的动态识别形式。其设计团队从内部系统和外部系统两个方面进行该楼盘的BIS设计。结合酒店和高档住宅小区的特色，内部系统围绕干部教育、员工教育、敬业精神、礼仪规范、企业环境、职业道德、企业文化、环保对策等八个方面展开。外部系统围绕市场调查、公共关系、广告宣传、促销活动、公益活动、项目开发等六个方面进行。以基本规则和规章制度来规范员工的行为，并进而塑造该楼盘良好的动态形象。

（三）VIS设计

VIS是CIS的静态识别符号，是具体化、视觉化的传达方式。该楼盘依山傍水，一年四季，好景不绝。通过反复总结提炼该楼盘的个性特征，设计出了楼盘标志，该标志采用绿、蓝两种主色，在椭圆形的空间展示出绿水蓝天相互连接，一轮明月悬于水面，将人们带到了诗情画意般的境地：碧波荡漾的太湖水秀丽多姿，瑶海上月，星河倒映，山影荡漾，涛声如诉，给人们以强烈的视觉冲击力和广阔的想象空间。

三、方案的完成以及实施

将CIS整体方案设计成果编制成CIS手册，形成CIS的实施方案，制定企业实施CIS的客观依据和统一标准。

根据楼盘的施工进度，有计划地安排相应的公关活动与信息发布，通过媒体广泛宣传。

对全体员工进行教育培训，统一企业理念和规范，明确企业实施CIS的意义，使员工在思想上和企业保持同步与支持。

将行为系统的识别统一化活动和视觉系统的识别统一化形象结合起来，综合运用到企业的相应领域，将CIS战略的各项内容有效地贯彻实施。

思考题

1. 实施CIS战略的意义与作用是什么？
2. 如何理解CIS战略与公共关系的联系？
3. CIS的构成要素包括哪几个部分？核心是什么？
4. 请收集国内一些著名企业的视觉识别系统，并对其进行分析。

拓展训练

训练1 目前我国高职院校的招生遇到生源减少的危机，假设你是学校招生处的负责人，请你为学校设计CIS策划方案并进行CIS策划。

训练2 目前旅游业作为拉动地方经济增长的主要动力之一。各地政府都加大了对本地城市形象的包装设计，多在中央电视台黄金档投入巨额资金进行宣传。请你调查所在城市的旅游资源和人文历史，从MI、BI、VI三个方面为城市设计CIS策划方案。

案例分析

耐克的品牌形象设计

著名体育运动品牌耐克，1988年推出代表耐克品牌核心形象的经典口号"JUST DO IT"，一举奠定耐克体育用品第一品牌地位。虽然在20世纪90年代中期耐克采用"I CAN"

新口号,但耐克并未想用它来代替"JUST DO IT"这一永恒口号;耐克以体育运动内在潜伏的精神力量来鼓舞和激励人们这一永恒的主题、品牌核心形象,耐克一直未曾改变。90年代后期耐克在市场营销上遇到越来越大的阻力,1999年初,耐克重新回复到"JUST DO IT"这一经典性的口号,经过一系列品牌管理的简化革新,重新回复"JUST DO IT"广告运动,局面好起来,耐克成为最佳的体育用品品牌。

同时耐克这家著名的充满雄性激素、构建在粗鲁广告上并拥有大量男性运动幻想力的公司,在开拓女性市场方面,也并未放弃耐克以体育运动内在潜伏的精神力量来鼓舞和激励人们这一永恒的主题、品牌核心形象,经典性口号"JUST DO IT"也没有改变。在整个市场推广中,不论对男性消费者还是对女性消费者,耐克始终如一,未曾改变。

问题:

理念识别系统的内容包括哪些?试分析耐克公司品牌形象设立的成功之道。

第六章
公共关系传播

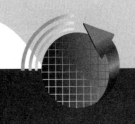

知识目标

1. 了解新闻稿件编写要求
2. 了解记者招待会的组织流程
3. 掌握公共关系广告的类型及制作
4. 掌握网络公共关系类型

能力目标

1. 能够结合具体新闻事件撰写新闻稿
2. 能够根据企业需要组织记者招待会
3. 能够根据具体企业需求制作合适的公共关系广告
4. 能够利用网络特点，进行网络公共关系宣传推广

任务 6

因为业务发展的需要，恒大有限公司高层做出扩大企业形象，加大企业产品、服务等各方面宣传的决定。为此，需要公共关系部门根据企业情况，组织各类宣传工作。

〈 任务要求 〉

从选定传播对象、宣传内容的组织、传播渠道的选择及传播效果的测定几方面进行。

〈 任务实施步骤 〉

1. 选定传播者。
2. 编写宣传内容。
3. 针对目标公众，选定传播渠道。
4. 评估宣传效果。
5. 撰写总结报告。

〈 成果形式 〉

以工作小组为单位，提交一份宣传方案。

> **理论知识**

　　企业在进行公共关系传播工作时，要对发生的各类新闻进行新闻稿件的编写，以便向公众传播；另外根据企业产品及服务的需要，还需要组织公共关系广告宣传活动；面对现在网络新闻事件频繁发生的现状，公关人员要能够有效处理网络公共关系。

第一节　编写公关新闻稿件

一、发掘新闻事件

　　要想让更多的公众了解并熟悉组织，那么一定要学会利用新闻来进行宣传。因此，发现有价值的热点新闻是非常关键的。新闻事件所具备的要素越多、越全，新闻价值自然越大。当一条新闻同时具备所有要素时，很容易成为所有新闻媒体竞相报道的对象。

　　通常可以挖掘的新闻事件有以下类型：

（一）新奇产品

　　当企业开发出高技术新产品之际，就是诞生一条重大新闻的时候。科技的进步特别是高新科技产品的研究成功，能够改进人类生活的方式，也是新闻报道的关注方向之一。

　　比如海尔进入笔记本电脑业务之初，并没有吸引更多的人关注，后来随着产品技术的提升，在活动中提出了海尔"润眼"电脑，很快获得很多媒体的注意力。

　　而奇异的产品，也能成为新闻，因为这符合新闻策划的"创造性原则"。比如3D打印技术的应用，很多媒体广泛报道。陈光标出售储存新鲜空气的空气罐，如此另类的新奇产品当然又使得陈光标成为媒体争相报道的对象。

　　因此，企业公关策划人员要善于从产品的新奇之处进行对外宣传。

（二）特殊人物

　　每个企业中都能挖掘出"特殊人物"：英明的领导，杰出的科技人才，甚至看似平凡的普通员工，都有可能成为新闻报道中的企业"形象代言人"。比如淘宝的马云、新东方的俞敏洪，他们的一举一动都是新闻关注的热点，他们是企业自身最好的宣传载体。

　　全球第三大仓储式家居装饰建材超市——英国的"百安居"，在中国开设第八家连锁店之际，曾以一个名叫康妮的80岁英国老奶奶为宣传点进行新闻宣传，她是百安居的在职员工。我国普通百姓非常惊讶，该企业有这么大年龄的员工，也让当地的各类媒介对该新闻比较感兴趣。

　　现在很多媒体设有人物专栏，介绍各界人物的特殊经历和独特观念。所以如果能找到企业中的特殊人物，就是为企业找到了对媒体进行传递的"新闻点"。

（三）成功经验

　　企业在管理方法、融资手段、渠道建设等方面的成功经验，也是许多媒体（尤其是经济类媒体）乐意报道的题材。

　　比如海尔的"激活休克鱼"管理方法，被各大媒体持续关注。马云的淘宝网站成功模式也经常被媒体持续关注。所以，企业公关人员应该随时有意识地把有特点的企业文化、有成效的经营管理方法等加以总结，这些都可能会成为很有新闻价值的题材。

（四）行业动态

普通的企业事件，也可以进行新闻挖掘，成为具有吸引力的热点行业动态新闻。比如吉利收购沃尔沃，引起了汽车行业的整体竞争，而媒体的持续报道，实际上为吉利做了大量的免费广告。所以当类似事件发生时，企业应及时与媒体联系，借新闻之力，把企业的经营动态及时告知公众。

（五）社会活动

这一招平时使用较为普遍，许多企业已经学会通过搞社会活动来吸引媒体报道，从而提高企业的知名度。对媒体来说，有特点、有影响力的社会活动也确实具有关注价值。比如在2008年北京奥运会期间，养生堂策划了"我要到北京跑"主题活动，通过开展一分钱的公益活动，来赞助体育事业，被媒体广泛报道，取得了良好的品牌效应。

需要强调的是，在企业策划社会活动时，应站在媒体的角度，充分挖掘活动的社会意义，为媒体的报道作好资料和观念上的准备。

二、新闻宣传稿的编写

（一）新闻宣传稿的组成要素

新闻宣传稿是组织公关部门和公关人员撰写的以目标公众为宣传对象的公关文书，包括提供给媒介的消息、通讯、专访稿等。撰写新闻稿是公关人员利用大众传播媒介对公众施加影响的重要手段，也是组织与新闻界保持密切联系的纽带和桥梁。

新闻也称之为消息，是报纸上最常见到的一种新闻报道体裁，它以最直接、最简练的方式迅速及时地告诉公众发生的事情。新闻稿通常包括6个基本要素，即5W1H，包括Who（何人）、What（何事）、When（何时）、Where（何地）、Why（何因）、How（何果）。

（二）新闻写作要求

新闻一般由标题、导语和主体三个部分组成，有时还有个结尾，但对多数新闻来说，结尾不是非有不可的。

1. 标题

无论报纸或网站栏目，大多数人是根据标题来挑选阅读文章的。因为很少有人会将某个栏目或某张报纸全部读完。也就是说，标题给予读者的最初印象，是文章能否受到读者喜爱的先决条件。

有句俗话说得好，标题是文章的一半。如果标题能在瞬间将读者吸引住，并且在阅读之后认为它鲜明地表达了事件的中心内容，那么这个标题就是个好标题。对于新闻来说，能够达到准确、凝练、鲜明、生动的标题，当然就属于制作成功的标题。

我们经常看到的报纸新闻和网络新闻标题，就其结构形式而言，分三行题、两行题和一行题3种；就其语义表述而言，也有实题、虚题和虚实结合3种之分。所谓三行题，也叫完全式，即引题、主题、副题都有；两行题分2种，一种是引主式（引题＋主题），一种是主副式（主题＋副题）；一行题，也叫主题式，即只有主题。而所谓实题，就是不加任何修饰的直接表明内容的标题；虚题（以一行题为例）是通过比喻、借代等修辞手法来表现的形象化标题；虚实结合题介于前两者之间，即含有形象化词组的陈述式标题。

像以下标题都相当有新奇性：

"人类能否活到 150 岁？"（德国 WAGNER 晶片）

"沈阳人：换个枕头，变了样"（满都八味枕）

"这是一支 2015 年的牙膏"（云南白药牙膏）

"云南白药里的国家机密"（云南白药牙膏）

"谁在买 20 多块的云南白药牙膏"（云南白药牙膏）

"说说上海女人对老公"（氧立得）

"商务通隐形手机遭遇抄袭，沈阳消费者险遭忽悠"（恒基伟业隐形系列手机广告）

"沈阳人：从买水喝，到造水喝"（KFW 直饮水质处理器）

2. 导语

导语是新闻的开头，它是提炼新闻精髓并揭示主题，以吸引读者阅读全文的第一句话或第一段文字。导语的关键是个"导"字，应起到引导、诱导、前导的作用，应当用简洁的语言，写出最主要、最新鲜、最吸引人的事实，引起读者的阅读兴趣和想进一步了解问题的迫切心情。因此，导语写作要开门见山、中心突出、简明扼要、生动有趣。

3. 主体

在写好导语的基础上，还要花更多的精力对采集到的事实材料进行筛选，把有助于表现、解释、阐述主题的材料有机地组织起来，运用到主体中去。新闻主体一般应具备两方面的内容：一是对导语提出的主要事实、问题或观点进行具体的回答或阐述，使导语部分的内容借助于丰富的材料而得到进一步的说明和解释，使新闻 6 要素更详细、明确；二是用附加的次要材料来补充导语中没有涉及的新闻内容，提供一些背景材料，说明事情的来龙去脉、前因后果，使新闻的内容充实，更有可读性。

主体部分的结构形式常见的有以下两种：

（1）以事件的重要程度为序组织材料

这就是通常所说的"倒金字塔"结构，即重要的内容在前面、上面，次要的内容在后面、下面。这种叙述方式主题突出，阅读简便，同时便于编辑删减和修改稿子，是一种常见的新闻写作方法。

（2）以事件的时间先后顺序来组织材料

这种结构方式能清楚地反映出新闻事件的来龙去脉、前因后果，使读者对事件的全过程有一个鲜明的印象，所以比较适合内容复杂但线条单一的事件的新闻写作，如报道庆典仪式、重大事件、灾害、体育比赛等等。这种叙述结构结合人们的思维习惯，易于阅读、理解，并且这种从头写到尾的方法比较容易掌握，也是我国新闻常用的写作方法。

第二节
公共关系广告宣传

公共关系广告就是借助广告的形式，将公关传播和广告宣传两者合二为一，从而达到提高企业的知名度、获得社会公众的认可和支持的目的。成功的公关广告往往能达到一箭双雕的效果，既能有效地促进本企业的市场销售，又能树立企业的良好形象。

一、公共关系广告的特点和类型

(一) 公共关系广告的特点

公共关系广告是为扩大企业知名度，树立企业形象，求得社会公众对企业的支持与帮助，并接受广告宣传者自身的观点而进行的广告宣传，目的不在于推销具体产品或服务，而是希望公众了解企业、认识企业、接受企业、支持企业。公共关系广告是在商品经济高度发展后，企业公共关系活动产生与发展的基础上，从企业广告中分离出来，而形成的一种独立的广告内容与形式。公共关系广告是一种特殊形态的广告，与一般商品广告相比有着明显的特点。

1. 宣传的侧重点不同

商品广告直接介绍产品及其服务的具体性质；公共关系广告不直接宣传产品，而传播产品之外各种与公众有关的企业信息，如企业的公益活动。商品广告是要大家买我产品，公共关系广告是要大家爱我、信赖我、接受我，即树立和"推销"组织的社会形象。

2. 传播的功能有别

商品广告着重于直接的促销、近期的市场效果；公关广告侧重于间接的隐性促销、长期的市场效应。商品广告的宣传模式为"公众—产品—企业"，公众先认识产品再认识企业；公关广告的宣传模式是"公众—企业—产品"，公众先认识企业继而认识产品。

3. 宣传的色彩各异

商品广告注重于激发公众的购买欲，促成人们的购买行动，商业色彩较浓；公关广告则注重与公众进行友善与轻松的情感交流，求得公众的认同与好感，从而达到公关目的，公关色彩、社会色彩较浓。

总之，企业通过企业公共关系广告达到扩大企业影响、提高声誉和知名度、促进企业的公共关系的目的。

当然，公共关系广告与一般商品广告也有共同之处，两种类型的广告实质都是沟通信息，都要通过大众传播媒介传播信息。

(二) 公共关系广告的类型选择

一般来说，公共关系广告的主题是企业的观念、实力、声誉和形象。不同类型的公共关系广告，发挥着不同的作用和影响，公共关系广告有企业广告、观念广告、社交广告、响应广告和活动广告等主要类型。

1. 企业广告

企业广告又称形象广告。这类广告的目的是树立本组织的形象和信誉，提高知名度。它们在广告的制作中，把企业的价值观念以新颖鲜明的形式表现出来，使之成为企业的一个基本象征。广告的内容主要是宣传本组织的宗旨、成就、职能、人才优势、技术装备、经营之道、社会贡献，以期对内产生凝聚力，对外产生吸引力，使企业形象深入千家万户。像新上海商业城的系列广告，就以大手笔分期多次推出了以"身居有津，气派不凡"为主题的系列广告，于1995年矗立于浦东新区张扬路的新上海商业城的形象广告，配以图片，介绍了建筑面积达80万平方米，设备先进，功能齐全的建筑群，从而将一个集购物、观光、旅游、餐饮、娱乐于一体的中国最大的商业城的新形象推介给客户。

2. 观念广告

观念广告又称创意广告，是企业以自身的名义，事先发起某种社会活动，或提倡某种有意义的新观念的广告，引导和鼓动公众的消费和购物意向，为加强市场竞争力，暗示启发，渲染烘托。如万科发布的"城市花园"主题广告，广告诉求"为万家普通市民拥有温馨的家园"，一反时下流行的那种或诱导至高享受，或渲染显赫高贵，或强调抢滩升值的商品房广告模式。具体运作上，以"明天我们将住在哪里？"的设问句为题，连续推出 12 幅广告画面，均以提倡新观念为内容，饶有趣味的构图，伴以富有哲理的诗句。比如，有以红绿灯为背景，以"爸爸，绿灯还没亮！"为题，从提倡遵守交通规则引申到家长要为孩子指点人生的道路这一深刻的主题；又如，以人们排队等车为画面，大标题为"如果每人都让一步"，提供井然有序的社会环境、文明礼让的传统美德，点出"明天我们将住在——秩序井然、文明祥和的环境里"，与主题设问呼应；再如，以持香蕉皮的小女孩为背景，以"爸爸，往哪里扔？"为标题，从提倡"请不要随手乱扔垃圾"点出"明天我们将住在清洁的环境里"，照应主题设问"明天我们将住在哪里？"广告画面似乎与商品房推销风马牛不相及，而实际上却是通过奇特的构思，将提倡新观念与树立企业形象有机地结合起来，同时也巧妙地传播有关商品房销售的信息。

3. 社交广告

社交广告又称响应广告。这种广告强调组织与社会生活各方面的关联性和公共性。其表现方式是社会组织对公众组织的某种重大政策、活动、成就或事件等通过广告表示支持、响应、祝贺，表明本组织对社会和外部环境的积极参与和责任感，有利于建立和增强组织与公众间的亲密感情，从而扩大组织的影响，提高声誉。主要的形式有两种：

（1）对政府的某种措施或者当前社会活动中的某重大主题，以企业的名义表示响应

印象广告公司曾在母亲节前夕推出公益广告"回家"，令无数观者怦然心动。"回家"以夕阳余晖中母亲孤独的形象为视觉主体，鹅黄色调温馨慈爱，表达母亲对子女的挂念和企盼，红色标题"回家"相当醒目，广告词诗意动人："曾几何时，我们因为奔波事业，陶醉爱情，照顾子女，而冷落了终生操劳的母亲。回家，看看母亲最欣慰的笑容吧！哪怕只是打个电话。"该广告没有任何说教，却以其不可阻挡的情感震撼着每一个观者；该广告没有任何宣传自己企业的画面和文字，却在公众的心目中留下了良好形象。

1990 年，伊拉克入侵科威特，Amoco 石油公司所做的一个广告文案展示了经受政治形势影响的公司对这一危机的反应：布什总统要求 Amoco 和其他美国石油公司在它们受到波斯湾的骚乱影响时对汽油价格做出公平的分担，在这个严峻时期，Amoco 公司决心采取合理和良好反应的行动，"我们支持布什总统为尽快解决中东冲突所做的努力，因为没有什么商品比世界和平对我们具有更大的价值"。

（2）对某新开张的企业，以同行的身份刊登广告以示祝贺

通过该形式可表示授贺企业与被贺企业愿携手合作、共同繁荣的愿望，并欢迎正当竞争。这一做法，可使开张单位节约大量开支，也可使祝贺单位借机"抛头露面"。

4. 印象广告

这类广告是以塑造企业的性格、建立某种观念为目的，通过广告宣传，建立或改变社会公众对一个企业或一种产品在心目中的原有地位；或者建立或改变某种消费意识，树立一种新的消费观念。这种新的消费观念的树立，可使社会公众倾心于某个企业或某项产品。例如

上海城市房地产公司一反"前人栽树,后人乘凉"的定势,它倡导的"先乘凉,后栽树"的长期付款购买房屋方式确实给人带来一种全新消费观念的诱惑。

5. 活动类广告

这种广告是通过举办活动,争取机会,显示实力,借以提高企业或产品的知名度和美誉度的广告。在活动类广告中,把广告宣传溶合于各种体育公关活动和文化娱乐公关活动中是最主要的一种形式,也是一种炫目的社会现象。其原因是:文体活动广为人们所喜爱,特别是一些国际性和大区域性的体育比赛和高水平的文艺演出,本来观众就特别多,再加上现代科学的发达,卫星传播技术的运用,使观众人数高达数亿乃至10几亿。自然,在这种场合下所做的广告效果也就特别好。

东亚运动会前夕,上海一批名画家在和平饭店挥毫义卖,恒源祥以11万购得一幅由多位画家共同创作的"百卉争春",画家将所得款项全部捐赠东亚运动会;恒源祥又请了编结专家根据国际奥委会主席萨马兰奇的身材精心编结了三件带有东亚运会标志的宽松式羊毛衫,并通过东亚组委会转赠萨翁,报刊专栏配以照片给予报道。恒源祥依靠广告宣传和体育公关,大大提高了知名度和美誉度,取得了良好的社会效益和经济效益。这种广告战略将使企业获得一块用金钱买不到的金字招牌。

 二、制作和推出公共关系广告

(一) 确定公共关系广告主题

1. 公共关系广告主题的确定

公关广告主题的确定应根据企业不同时期的市场态势、社会活动的要求及其他企业的发展状况随机应变。一般,主题的确定是以其目的为出发点。

(1) 以建立企业信誉为主题的公关广告

这类广告的目的在于追求企业的整体形象,让社会公众相信企业的经济实力。可通过介绍企业的历史、现状、前景、企业的经营方针及策略、企业的先进技术、设备和人才优势等手段来达到此目的。

(2) 以公共服务为主题的公关广告

这类广告的目的在于扩大企业的知名度,让社会公众相信企业高尚的社会风格,对其产生认同感。可以通过为社会福利事业和社会公共事业的发展提供赞助,设立各种基金等手段来达到此目的。

(3) 以经济贡献为主题的公关广告

这类广告的目的在于加深社会公众对企业目前经济情况的了解,指出企业对国家经济发展的贡献,详尽说明企业经济活动的产值、经营额及对国家和社会上交的利税。

(4) 以追求特殊事项为主题的公关广告

这类广告的目的在于引起广大公众、社会有关人士和新闻机构的兴趣和好感。可采用的手段有为某社会组织的落成典礼、周年庆典、庆功表彰等提供赞助和表示庆贺,以期加强与社会各界的友好往来等。

作为公共关系广告尤其要注意力求避免商业化的痕迹过重。坚持公共关系工作的原则和特点,不能与推销部门的工作混同,否则会给组织的公共关系工作带来不良影响。

2. 公共关系广告制作技巧

公共关系广告在制作时可注重下列技巧：

（1）要有语言的创新

新颖别致的广告语言能在公众中产生很深刻的印象。其技巧在于：第一，强调该产品的独特性；第二，避免使用"最好"一类的词，即使是最好的产品，也不宜用"最好"修饰，否则会起到适得其反的作用；第三，要客观描述本产品的优缺点，如果对象是有一定文化修养的人，则更应如此；第四，要使对象确信该企业拥有一流的工作人员，随时准备给予服务；第五，产品推出前要充分验证它的可信性与兴趣程度。

（2）要注意版面安排与注释的不同

制作公关广告时，要注意各种字体的选择，照片、图片的安排，使广告具有与众不同的特点，吸引公众的注意力。广告的注释应具有特色和明晰两个基本点。如企业性广告，要显示出本企业是高技术与雄厚资金的强有力结合体，给人以充分的可信任感。

（二）选择公共关系广告媒体

1. 广告的四大媒体

广告信息需通过一定的信息载体才能到达社会公众，信息载体就是广告媒介。随着科技与经济的飞速发展，可供广告选择的媒体类型也越来越多。一般而言，公共关系广告所采用的媒体有报纸、杂志、广播、电视、互联网、电影、户外张贴、广告牌、霓虹灯、挂历、传单和包装纸等。其中报纸、杂志、广播、电视这四种主要媒体并称为"广告四大媒体"。不同的广告媒体具有各自不同的特点，起着不同的作用，可谓各有千秋。

（1）报纸

报纸大致可分为综合性报纸和各类专业性报纸。综合性的报纸如《人民日报》《解放日报》《新民晚报》《扬子晚报》等；专业性报纸如《财经日报》《汽车之家》等。

① 报纸登载广告的主要优点

◆ 辐射面广。一般报纸的发行拥有多年龄阶段、各社会阶层的大量读者，这样广的传播面是其他媒介难以与其相提并论的。虽然专业性报纸传播面相对较窄，但它拥有专业读者，因此适宜于刊登专业性强的广告。

◆ 新闻性、消息性强。因报纸本身功能是及时发布各种消息和新闻，因此一些时间性、消息性较强或是以某种时事内容为话题的公关广告适宜采用报纸为其媒体。

◆ 时效性较长。社会公众对感兴趣的广告可反复阅读加深印象。报纸广告制作成本不高，适合重复刊登或刊登系列广告。

◆ 权威性强。我国报纸在公众中享有较高声望，特别是一些综合性大报，因此报纸广告易获得公众的信任。

② 报纸媒体的主要不足

◆ 表现力较差。受制版和纸张限制，难以表现出鲜明的图片色彩。

◆ 保存性差。凡过期的报纸，读者很少再次过目。

◆ 干扰性大。报纸的同一版面往往刊登多幅广告，且报纸广告表现手法单一，难以突破自身局限性去吸引读者注意。

（2）杂志

杂志的读者面一般较集中，适宜刊登针对性较强的广告。其优点：

- 信息容量大，杂志广告可独占整个版面，不易受其他广告干扰。
- 印刷质量高，表现手法较报纸多，表现力丰富。
- 保存性好。杂志可供读者反复阅读，读者一般较注意过期杂志的保存，从而延长作用时效。
- 针对性强。杂志一般拥有较确定和稳定的读者群，杂志广告可较准确地到达接收者。

杂志广告主要缺点：出版周期长，读者面相对报纸而言要窄得多。

（3）广播

广播通过听觉传递信息，它在传播上不受文化水平、所处地理位置限制，信息传递上最为迅速及时。

① 广播广告的主要优点
- 表现手法多样，表现力丰富。广播广告可借助音响效果增加表现力，生动而富有感染力的广播广告易吸引听众的注意。
- 广播广告传播上有普遍性和针对性强的特点。综合性广播节目拥有广泛的听众，专题节目拥有专一稳定的听众。

② 广播的局限性
- 听众一般是在从事其他活动的同时收听广播，属于无意注意。
- 广播信息转瞬即逝，难以专门觅取和反复收听，给记忆带来困难。
- 无法提供具体而明确的视觉形象，因此产生的印象淡薄。

（4）电视

电视是一种较为完善的媒介形式，它通过听觉和视觉的双重效果影响观众，手法多样、灵活。同时，传播面极广，其他媒介无法相比。

① 电视广告的突出优点
- 表现力丰富。电视通过图形、色彩、文字、语音、音乐和运动等丰富形式来表现广告，感染力极强。
- 有助于重复宣传，加深印象。电视广告一经完成制作，重复使用极为方便，通过重复播出使公众在潜移默化中形成较深的印象。

② 电视媒体的主要缺点
- 电视媒体绝对成本高，转瞬即逝，容易被冲淡以至遗忘。

2. 广告媒体的选择方法

广告媒体的选择一般要经过以下四个步骤：确定媒体级别，选择具体媒体，确定媒体组合原则，进行媒体试验。

（1）确定媒体级别

确定媒体级别就是要确定采用哪类媒介，比如是在电视上做广告还是在报纸上做广告，或是做灯箱广告等。这是具体选择媒介的第一步工作，这步工作需要考虑这样几个问题：各类媒体的费用档次；各类媒体的优缺点比较；同以前广告活动的连接问题；广告竞争及自己的财力情况。

（2）选择具体媒体

在已选定的媒体级别中，选择一个或几个适合企业广告需要的具体媒体，进一步策划和落实媒体计划。比如，若已确定要采用报纸类的媒体来做广告，这需要进一步确定在哪几份报纸上去做广告、做多长时间、做多大版面。

如果说确定媒体级别时，主要考虑的是媒体的传播特点和费用等情况的话，那么，确定具体媒体时，就应考虑媒体的针对性、覆盖域和可行性。所选用的具体媒体，必须能够有效地触及广告的目标市场，只有这样，才能有效地发挥广告的作用。

（3）确定媒体组合原则

一般来说，一次广告活动都不会只采用单一的媒体推出，其根本原因就在于单一的媒体无法触及所有的目标市场消费者，只有综合使用各种媒体，才可以达到预期的效果。

确定媒体组合原则时，应考虑两个问题：

第一，如何包括所有的目标市场消费者，即将所有选用的具体媒体排列起来，把其覆盖域加在一起，看看在媒体组合的总覆盖域下，是否可以将大多数甚至绝大多数目标市场消费者归入广告可产生影响的范围内。

第二，媒体影响力集中点的选取问题。在进行媒体组合时，还应考虑在哪些媒体上多投入些广告费用。这样可增加其对重点目标对象的影响力。同时削减在另外一些媒体上的广告费用，以免在非目标对象或非重点目标对象身上花费过多的经费。总而言之，就是通过确定媒体组合原则，合理地使用、分配广告费用，求得以比较小的投入赢得更大的效益。

（4）进行媒体试验

媒体方案一旦确定，就可能在几个月甚至几年内基本保持不变，以便积累对消费者的影响力。所以，为了保证采用的媒体方案是长期有效的，有的企业在正式启用一套媒体方案之前，首先对广告媒体进行初次试验。即先在所选定并组合好的媒体上，小规模地推出广告，然后调查目标市场消费者的反应，由此判断这套广告媒体是否适宜，以便及时作出相应的调整。

总之，广告媒体的选择直接影响公共关系广告宣传的效果。适当的媒体可以有效地将广告信息迅速准确地传递到广告目标市场，否则就会事与愿违，白白浪费人力和财力，给企业带来不必要的损失。因此，公关人员一定要掌握广告媒介的选择方法，并有效地使用。

（三）广告文案的构思

公共关系广告文案一般包括三部分：标题、口号、正文。

1. 标题

标题是整体的"纲"，要生动、新颖、醒目。标题承担着三项任务：在瞬间刺激消费者，引发他的兴趣；诱发对方进一步关心广告正文及其内容；突出企业或商品的独特个性，激发潜在的购买意识。简言之，就是"刺激—诱导—促成"。

出色的广告标题必定给公众留下深刻的印象，起到画龙点睛的作用。广告标题要发挥作用，就必须具备下列特点：诱导性，这种诱导性不带任何强制性，而是紧抓公众的心理，从关心他的切身利益和要求出发，从而使公众乐于接受诱导；独特性，标题的生命在于它与众不同，新颖奇特的构思，能强烈刺激公众，引发他的注意；简洁性，标题只有简洁，才能突出关键问题，简明的标题给人一种明快、轻松的享受。如"这只是个开始，BP 不仅贡献石油"这个标题，简单地把 BP 的时代责任感诠释给公众。

2. 口号

如果说标题是广告的脸面，那么，口号就是一双传神的眼睛，它集中贯注了广告的主要精神。但是，口号毕竟不同于标题，主要表现在：

（1）稳定性强

标题根据不同的情况与要求而变化；而口号则相当稳定，一个成功的口号可以保持多年，从而显示该广告的连续性，在公众脑海里留下深刻的印象。

(2) 朴素自然

标题追求新、奇、美，要求别出心裁、出奇制胜；而口号力求朴素、自然本色，易引起顾客共鸣，作用更明显。

(3) 口号简短

标题可长可短，在语言上趋向书面化；而口号力求简短、上口、易记，有口语化趋向。

3. 正文

正文是信息的主体部分，内容详细，恰到好处，在其策划过程中要注意：

(1) 文体

常用的广告文体有以下几种：陈述体，开门见山地说明主旨；问答体，通过设问达到宣传目的，多用于广播；证书体，广告文字中引用权威机关、权威人士的鉴证；幽默体，利用丰富的语言，达到引人入胜的目的；布告体，以发布文告的形式，引入广告。

(2) 文字

广告的语言相当重要，它是广告成败的关键。一般要求做到：明确、简练、易懂，有助于使受众在无意识中形成记忆，产生深刻印象；生动、新鲜、有趣，广告要能吸引宣传对象，产生强烈的心理共鸣，就要注意宣传对象的年龄特征和心理特征，要使人有新鲜感，耐人寻味；真实、坦诚、可信，要避免过分夸张的语言，否则会引起反感。获得公众的信任是达到宣传目的的基础。

(3) 字体

印刷体、美术体、书法体等各种字体类型，各有优势。选用何种字体根据内容和对象来确定，在讲究艺术的同时要做到便于阅读，字迹醒目。

正文结尾部分主要交代组织或企业的名称或企业标志，如有必要，还需说明地址、电话、联系人等情况。

(四) 公共关系广告的推出

广告推出是广告正式在媒体上出现、开始同广告目标对象接触的过程。每一种广告推出方案，都是适于一定条件下公关活动的需要。只有在专门的推出方案的指导下，广告才能有效地影响广大公众，达到公关广告宣传的最佳效果。一般常用的广告推出方案有以下几种：

1. 稳定持续法

这是一种最常用的广告推出方式，即以固定的时间间隔和广告强度稳定地做广告，并在一段时间内保持该方式不变。这种方法的缺点是过于平稳，没有侧重点。

2. 稳定加节奏法

这种方法表面上看起来同上一方法相似，但两者却有实质性的不同。这种方法的稳定性表现在每一节奏上。虽然也是以固定时间间隔来反复推出广告，但因其考虑节奏的长短要配合广告对象接收、记忆广告的规律，所以，可以发挥较平稳的影响效果。

3. 重点推出法

该方法是根据广告对象的情况和市场特点，预先选定一些时间为重点传播时机，广告在这些重点时机到来时重点推出；这些时间一过，就停止播出，待下一个重点时机到来时，再重新推出。这种方法是许多广告经费不充裕的企业或组织乐于采用的。其缺点是，广告所产生的效果不够稳定、持久。

4. 波浪式推出法

这是综合稳定加节奏法和重点推出法两种方法形成的一种比较有效的推出方法。它根据广告目标对象的情况和市场特点，预先选定一些时间为重点传播时机。在这些时机到来时，广告推出达到一个高潮。但是，此时广告推出仍未停止，而是以稳定节奏式的方法保持一定规模的推出。其优点在于，既能够保持在关键时刻广告充分发挥作用，又能在平时平稳地发挥积累效果，是一种较为理想的方法。其缺点在于，广告经费过多，许多企业难以长期负担。

5. 渐进加强法

这种方法是在新产品上市之前的一段时间内，开始创造广告气氛。开始时广告是小量的，推出的频率较低，间隔较长。随着新产品上市的时间临近，广告推出的次数开始增加，重复间隔减小。在新产品正式上市前，广告大量地推出，整个销售气氛达到最高峰。

6. 渐弱式推出法

这种方法与渐强式推出法刚好相反，即在一个特定的时机推出大量的广告，短时间内形成强大的广告声势，然后，随时间的推移，广告强度逐步减弱，直到停止。

三、公共关系广告效果的测定与评判

广告效果的测定是整个公共关系广告宣传活动中不可缺少的部分。公共关系广告活动的全过程是一个复杂的信息反馈过程。成功的公共关系广告宣传工作不仅要有充分准备，制作出精彩的广告作品，而且要正确地分析测定广告宣传的效果，并将结论运用到今后的广告活动中去，以便进一步发挥广告在公共关系活动中的作用。

广告效果测定可以分为：广告实施以前的测定——主观评价；广告实施以后的效果测定——客观测定。

（一）主观评价

对广告的主观评价可以主要由广告策划制作人员进行，也可以邀请一部分有代表性的公众对广告进行评价，然后根据各个方面的评价结果，得出平均结果，以此判断广告效果的优劣。

主观评价可以针对广告整体的印象进行，也可以将广告分解为各个方面，分别进行考察。现在介绍三种具体的评价方法：

1. 分别考察法

项目后面分数称为权系数，权系数总和是 1.0。测定时首先由评价人根据优劣分级分数对各项目评分，然后将每项评分乘上该项权系数并求和，和值的大小就反映出广告效果的优劣。和值越接近 100，表示广告效果越好；和值偏离 100 越远，表示效果越差。表 6-1 为广告效果评价表。

2. 等级排列法

等级排列法是制作心理量表的一种方法。它可以将若干幅广告的效果进行主观评定，然后求出多人评定的结果，按优劣排出前后次序。等级排列法也可用于比较同一广告主题、不同设计间的优劣。下面举一实例来说明这种方法。

表6-1 广告效果评价表

吸引力	广告对读者吸引力如何（包括标题、图片、排版及打字）？	20%
	广告对潜在购买者的吸引力如何？	5%
可读性	广告促使读者进一步精读的可能性如何？	20%
亲热度	顾客在各项诉求中选择该项诉求的可能性如何？	15%
	该项诉求诱发消费者购买欲望、动机的有效性如何？	15%
行为度	广告可能诱发的购买意向行为如何？	15%
	广告可能诱发顾客的意识性如何？	10%
优劣分级分数	优　　　　　良　　　　　可以　　　　　差　　　　　劣	
	80～100　　60～80　　40～60　　20～40　　0～20	

假定有10幅广告，分别以A、B、C、D、E、F、G、H、I、J代表。每个评价人的任务都是相同的，按照自己的看法，将10幅广告按优劣排出次序；然后，求出许多评价人对同一广告的评定等级的平均值；最后，按照平均等级排出优劣次序。表6-2为一假定结果。

表6-2 等级排列法举例

广告	A	B	C	D	E	F	G	H	I	J
评价人甲	3	1	2	4	5	7	8	6	9	10
评价人乙	2	1	3	4	5	6	8	7	9	10
评价人丙	1	2	3	4	5	6	7	8	9	10
评价人丁	2	3	1	4	5	6	8	7	9	10
评价人戊	1	3	2	4	6	5	8	7	9	10
平均	1.8	2	2.2	4	5.2	6	7.8	7	9	10

根据5名评价者的排列，10幅广告效果按从优到劣的顺序为：A、B、C、D、E、F、H、G、I、J。

3. 对偶比较法

对偶比较法是将所有参加比较的广告逐对呈现，评价者按照某种标准，比较两幅广告的优劣。如果参加比较的广告总数为 n，测定总共要呈现 $n(n-1)/2$ 对，为了消除前后顺序的误差，比较一般要进行两轮，如果第一轮呈现的次序是先A后B（或者位置是A左B右），第二轮呈现则为先B后A（或A右B左）。每幅广告都要与其他广告比较（$n-1$）次，二轮共同需比较 $2(n-1)$ 次。

这里仍然用某实例说明对偶比较法的具体方法。假定有10幅广告，分别编号为A、B、C、D、E、F、G、H、I、J，一名评价人的结果记入表6-3（何者为优，即记何者编号）。10幅广告从优至劣顺序排列为：J、I、F、G、B、D、H、E、C、A。以上为一名评价者的评价结果。如果多人评价，可以在求出每个评价人的排列结果后，按照等级排列法的计算方法求出平均等级。

表6-3 对偶比较法举例

		A	B	C	D	E	F	G	H	I	J
A			B	C	D	A	F	G	A	A	J
B		B		B	D	B	F	C	B	B	J
C		C	B		C	E	F	G	H	I	J
D		D	D	D		D	F	G	D	I	J
E		E	B	C	D		E	F	H	E	J
F		F	F	F	F	E		F	H	I	J
G		G	G	C	D	G	F		G	G	J
H		A	H	H	H	E	H	F		I	I
I		I	I	I	I	I	I	I	H		I
J		J	J	J	J	J	F	J	J	I	
选择分数	第一轮	1	4	3	4	3	7	4	4	5	8
	第二轮	3	5	2	4	3	5	5	3	8	7
总计(c)		4	9	5	8	6	12	9	7	13	15
$P=\dfrac{c}{2(n-1)}$		0.22	0.50	0.28	0.44	0.33	0.61	0.56	0.39	0.72	0.83
顺序		10	5	9	6	8	3	4	7	2	1

（二）客观测量

广告效果的客观测量一般在广告播出之后一段时间进行。目前，国内外对广告效果的客观测定分为广告销售效果和广告传播效果两种方法。

1. 销售效果的测定

企业进行各种公共关系广告宣传的目的是为了树立企业信誉，最终为了推销本企业的商品，力争增加产品销售量。这就必然要把投入的广告支出与得到的销售量增长收入加以比较，用来衡量广告宣传的效率。

$$广告效果比率(E)=\frac{销售额增加率}{广告费用增加率}$$

如果 $E>1$，表示广告效果较好；如果 $E<1$，表示广告效果不好。

采用这种方法测定广告效果，只能作为衡量广告效果的参数。这是因为商品销售的增减及增长的快慢，是由多方面的因素所决定的，如商品的质量、价格、服务态度、服务方式及市场竞争态势等，广告的影响只是诸因素之一。而在众多因素中要把广告因素单独抽出来分析，又是难以办到的，并且广告作用的发生不一定有即时性，反而常常带有延迟性。由于难以衡量出广告与销售之间的直接关系，所以与其对广告销售效果进行测定，不如对广告的传播效果予以测定，因为广告的职能就是通过宣传介绍，让公众了解企业，从而促进企业信誉和商品信誉的树立。

2. 传播效果的测定

广告传播效果是以广告的收看、收听、认知、记忆等间接促进销售的因素为依据，而不是以销售情况好坏为标准来衡量评价广告效果。因为广大公众与消费者的购买行为的产生要经历对企业与产品的注意、引起兴趣、增进记忆各个阶段，以加深认识印象，广告宣传正是根据这一公众与消费者购买行为的产生过程来进行宣传说服的。

(1) 传播效果测定的内容

传播效果测定的内容包括阅读率、视听率和记忆率。

① 阅读率是针对报纸、杂志而言的，它是指通过报纸、杂志等印刷品来阅读广告的人数与报纸、杂志发行量的比例。

$$阅读率 = \frac{阅读人数}{发行数量} \times 100\%$$

② 视听率是针对电视机、收音机而言的，它是指通过电视机、收音机来收看收听广告的人数与电视机、收音机社会拥有量之间的比例。

$$视听率 = \frac{收听（看）者人数}{收音机（电视机）拥有量} \times 100\%$$

③ 记忆率是针对广告的重点内容的记忆，如企业名称、商品名称、商标厂牌、产品性能、服务方式等而言的，其中主要是美誉度和知名度的测定，其目的是为了掌握各类社会公众与消费者对广告印象的深刻程度。记忆率的测定可以通过间接调查方式进行，也可采取直接询问的方法。

$$记忆率 = \frac{记忆广告的人数}{接触广告的人数} \times 100\%$$

(2) 企业公共关系广告本身效果测定的其他方法

① 排比评比法。企业单位在公共关系广告推出一段时间之后，选择一批有代表性的公众对同一类型公共关系广告进行印象效果的评比排列，企业根据排列名次的先后，可以测知本组织本单位公共关系广告宣传的效果如何。

② 回忆测验法。回忆测验法是指公关人员根据各界公众对广告内容的记忆程度来测定广告效果大小。所检查的项目包括：考察受众近期看过哪些广告；记得广告中的哪些内容。这种方法可以了解广告是否醒目，内容是否有趣，手法是否新颖。公众对哪个广告印象最深，就说明此广告的效果最佳。

③ 经营效果测验法。这是根据企业经营效果的变化与广告费用变化的相互关系，对公共关系广告宣传效果进行定量分析。

总之，公共关系广告效果的测定与评判应该是主观评价与客观评价的有机结合。

第三节 开展网络公共关系

一、网络公共关系选择

网络公关（PR on line）又叫线上公关，它利用互联网来传递企业信息，塑造和改善企业形象。通过网络组织公共关系开展，可以让更多的公众与企业保持高频率的互动。

利用网络进行公共关系开展，通常可以选择如下几种方式：

(一) 网上新闻发布会

举办网上新闻发布会，主要利用的平台是网络门户或网络媒体。具体有以下几种类型：

1. 综合性门户网站

像 MSN、凤凰卫视、新浪、搜狐等综合门户类网站，特别适合大中型企业进行新闻传播，因为公众范围广，可以辐射到很广的受众群体。

2. 行业性门户网站或媒体

不同行业都有自己的行业性门户网站和相关媒体，如中国医药采购网、中国医药杂志、易车网、汽车之友杂志等等。这些专业性的行业门户网站和媒体，可以有效锁定相关联的大众群体，针对性较强。

3. 新闻媒体的网络版

该类网络平台主要是在传统媒体基础上构建出来的网络新闻资源平台，如在人民日报基础上拓展的网络版的人民网、中央电视台网络版（www.cctv.com）等。该类平台吸引的通常也主要是对原有传统媒体有特定偏好的大众群体。

4. 网络出版物

目前网络出版物有电子杂志、数码杂志等类型网络版宣传载体。该类载体具有很强范围的宣传效果，如流潋紫的小说《后宫·甄嬛传》在网络上的关注度较高，各种甄嬛体语言在网上也热传，为其同名电视剧的热播起到了很好的宣传推广效果。

（二）BBS 论坛或社区公关

除了在网上进行新闻发布外，还可以利用论坛和专业社区网站，来开展公共关系活动，使得企业可以与直接关系的相关公众随时保持互动，发现相关公众对企业的产品、服务等各方面的意见和态度，也可以进行企业产品、服务的推广。

潜在受众群体会因为共同的爱好而聚集在各大门户网站的生活板块、大型论坛社区的生活板块和一些时尚论坛，会对生活中相关的话题和网友进行相互的讨论和分享。在讨论的过程中，往往相约共同体验、分享心得。因此，企业可以在现有论坛或社区中选择多个适合产品（服务）话题宣传的论坛进行推广和网络公关，让更多的网友了解所推广宣传的品牌，让更多的网友产生体验话题产品（服务）的欲望。

选择论坛社区进行大规模的信息传播，能大幅度提升具体的产品（服务）在网络上的品牌知名度。让更多人认识、了解并记住所推广的企业形象。一般在论坛传播时，如何让网友记住代表企业的具体产品或企业标志比较关键，可以借助产品或企业的相关图片来让网友加深对企业的直观了解，但是需要注意论坛内负面信息的控制。

进行论坛（社区）推广，主要可利用的平台有：门户网站专业 BBS 论坛及专业社区网站等。

福克斯的网络传播

福克斯为了提高品牌的知名度、提升品牌形象和建立消费者信任感，建立了大量的网络汽车社区、俱乐部，为车友搭建沟通交流的平台，同时，也为福克斯品牌搭建了品牌信息沟通传播的平台。通过车友乐于分享驾车体验的习惯，网络上发动平安祝福征集活动，加以各类精彩的博文，推动了福克斯的网络口碑的建立。最终有400多篇直接参与的博文，网友提出的有效评论达到7000多条；并在社区发布有1000多条主题，有160多万的点击率，超过3万多的回帖。

网络传播之所以起到如此好的效果，和福克斯的网络精心宣传设计有很大的关系。例如在博客设计上，福克斯根据不同用户，设计了驴友博客、专业汽车分析、小资人群、家庭用户、商务白领、摄影类、漫画类、视频类等多种角度的版块，来吸引各类型的网民关注。

（三）利用各种用户群进行网络公关

通过构建具体产品用户交流群，与企业相关用户保持互动，及时发现用户需要，以及对产品和服务的态度，也是非常便捷的网上公关手段。例如孩子王构建自己的妈妈群，通过该群妈妈们能够和孩子王的售后服务人员保持直接互动，了解需要的产品存货情况及促销信息，可以及时在线完成各种销售交易，提高了企业的销售量。同时也带动妈妈们相互交流育儿心得，使得该群活跃度非常高。

企业在进行网络公关实施时候，还可以根据实际需要来选择博客、微电影等各种各样适合的网络宣传形式，来进行网络关系推广和维护。

二、网络公共关系实施

组织可以根据公关需要，充分利用网络的各种平台和工具，组织网络公共关系的实施。具体实施的方法有以下几种：

（一）利用网络平台开展产品（服务）知名度、美誉度的提升

1. 利用关键字、词、句搜索类的问答平台，发布信息

目前，网络可以让人们找到各种问题的答案。因此，可以利用潜在关注的受众群体有需要先网上搜索的行为习惯，通过选择具体的问答平台来发布信息，如百度知道、腾讯问问等都是很好的发布相关信息的问答平台。可以将企业的产品做较精准的营销，同时通过在搜索引擎选择好的排名，来提高企业及产品的知名度和美誉度。如提问"××产品怎么样""××产品用起来怎么样""现在××类产品（服务），知名的品牌有哪些？"等，在回答里面将企业的产品（服务）价值充分体现出来，以达到搜索营销的目的。

2. 博客营销

博客作为网络时代展现个人的主要平台，已经深得广大网民的信赖。企业合理利用博客这个平台，可以使企业的产品（服务）知名度更加深入人心。企业可以通过在大型门户网站建立专类博客文章，在博客上发布关于企业产品（服务）的相关的文章。把企业的产品品牌特点、优点等信息在一些特定网络人群中宣传，从而起到提升品牌、大幅度获取潜在客户的作用。

3. 图片营销

图片营销是在信息泛滥的社会中更有效和直观的方式，可以比视频更简单有效，让网民得到直观感性认识。通常做法是把图片放置于论坛、社区、博客交互式信息平台上，公众通过搜索引擎查询到含有图片的相关信息，来达到品牌宣传推广的效果。

4. 利用微信、SNS、QQ群，进行特定群体传播

利用微信、SNS社区、QQ群以"熟人"的方式来拓展网络社交，也是对企业产品（服务）品牌进行口碑传播的开放式平台。在微信、SNS社区内，较容易实现实名制，朋友圈内往往存在非常可靠的关系，而99%的中国网民都会使用腾讯QQ。

企业利用该类平台进行企业品牌的宣传，可以快速实现人传人联系，达到一传十、十传百的传播效果。利用网络这一低廉而快速的平台，信息传播的速度会非常快，同时也远远低于传统营销的成本。

微信还可以利用微推销技术手段（如服务号推广、微网站设计、微促销等方式）达到对特定消费者的精准锁定，进行宣传推广。

（二）利用网络平台，进行企业新闻公关

新闻公关的目的在于宣传企业的良性信息，提高企业知名度和美誉度，最后达到促进产品销售或塑造企业品牌的目的。如：潜在公众受到论坛社区大规模推广宣传的软文影响时，有多数用户会对软文当中提及的企业及产品信息产生质疑，然后会通过搜索引擎来查询其他渠道给予的评价，此时利用新闻稿进行宣传的影响力和说服力就会体现出来。特别是将新闻稿发布在大型门户网站上，如MSN、新浪、凤凰网、搜狐、网易、新华，借助于该类门户网站的知名度和强大的流量，来提升企业的曝光度。企业在借助权威的第三方媒体平台上发布关于企业（组织）相关信息的同时，也要将其他平台报道的有利于企业（组织）相关新闻建立搜索，从而有利于提升企业积极正面的宣传形象。

对于企业被报道的负面新闻，在进行新闻宣传网络推广的同时，也要积极寻找一些控制负面信息传播的手段。例如，对于一些恶意攻击企业的行业竞争对手，有些公司采取了删贴、对竞争对手存在的问题进行曝光的做法，以转移大众对不利新闻的注意力。

海尔洗衣机危机公关

2013年9月，海尔洗衣机绞死女童事件发生后，很多网络对该事件进行了报道。通过各大搜索引擎都能够很快查到事件的具体描述。面对该网络新闻的传递，海尔面对事实，利用网络也很好地传递出海尔的意见和态度。细心的网友在关注海尔洗衣机绞死女童的事实报道的同时，在该新闻旁边可看到有相关的推荐阅读。推荐的文章都是关于对该事故发生的各类网友质疑，以及各地网友对该事件进行的各类情景模拟（当然这类模拟也细心地做了"注意安全，不可随意模仿"的提醒）。

事件发生初期虽然引起很多媒体跟风炒作，吸引了很多公众的关注，但是通过海尔对各类新闻的引导，使大家很快进入对该个案的理性分析的状态，化解了一场可能出现的网络攻击。

思考题

1. 作为一家新企业，要想进行产品推广，你认为选择哪种类型的网络宣传方式比较好呢?

2. 对于网络传播的负面信息,企业该如何控制信息的传播?
3. 在微元素流行的时代,企业进行微信息推广时候,有哪些技巧可吸引大众关注?
4. 如何为企业进行用户网上交流群平台的维护和产品的推广?

拓展训练

训练 1 为了方便客户,满足客户的多样性需求,恒大有限公司打算成立网络购物平台,但是面对目前众多大众熟知的网络购物商店,如何让大众快速记住该购物平台非常关键。如果你是公司公关人员,你会怎样组织设计来对企业进行宣传推广?

训练 2 酒鬼酒是我国高端酒品牌,在 2012 年 11 月 19 日被爆由上海天祥质量技术服务有限公司查出塑化剂超标 2.6 倍。针对此事,酒鬼酒公司却认为检测不够权威,甚至怀疑被检测的酒是否出自酒鬼酒公司。广州市质监局表示,白酒检测标准中没有塑化剂项目的检测要求。中国受此事件影响,没有停牌的白酒类上市公司仍遭遇资金打压,2012 年 11 月 20 日早盘白酒股大跌。

假设你是酒鬼酒企业公关宣传负责人,请你根据酒鬼酒的情况,组织策划公共关系宣传系列方案,来重塑酒鬼酒企业品牌形象。

案例分析

石宝路的形象塑造之路

尽管今日的万宝路大名鼎鼎,跻身世界知名品牌之列,但说起来,万宝路的形象树立也是经历了一段艰难历程的。

万宝路初问世时,生产这种烟的菲利普-莫里斯公司把它定位在妇女市场,作为专针对妇女市场的品牌,并以"像五月天气一样温和"作为它的广告口号。然而,尽管当时美国的吸烟人数有增无减,但万宝路的销量却一直平平。菲利普-莫里斯公司的经营每况愈下。

受菲利普-莫里斯公司的邀请,利奥-伯内特公司为其重新进行广告策划。其创办人伯内特经过深思熟虑和周密的调查后,大胆地向菲利普-莫里斯公司提出:用一个崭新的具有男子气概的香烟形象来取代原来那个女子香烟形象,从而使万宝路创出一个闻名世界的具男子汉气概的香烟品牌。

基于上述设想,一个大胆的改造计划产生了:用象征力量的红色作为外盒主要色彩,广告不再以妇女为主要对象,而是用硬铮铮的男子汉,在广告中强调万宝路香烟的男子汉气概,吸引所有爱好、欣赏和追求这种气概的顾客。

开始,菲利普-莫里斯公司试着用马车夫、潜水员、农夫等具有男子汉气概的广告男主角,效果不太理想,直到最后把广告男主角集中到美国西部牛仔这个形象上才出现奇迹:销售量在一年后提高了整整 3 倍,一跃成为美国香烟销量的第 10 名。在万宝路的广告中,这个牛仔目光深沉,皮肤粗糙,袖管高高卷起,露出多毛的手臂,手指中总是夹着一支万宝路香烟,似乎浑身散发着粗犷,是一个具有豪迈英雄气概的男子汉。

尝到甜头的菲利普-莫里斯公司,紧紧抓住美国西部牛仔这一形象不放,不断地强化万宝路的这一牛仔形象。伯内特广告公司经常派人到美国偏僻的大牧场去物色土生土长的牛仔。虽然牛仔不一定是十全十美的广告主角,但一定是真正具有万宝路男子汉气质和潜力的美国牛仔。他们骑在马上的姿势、坐在马上的神态，都至关重要。这一切都必须表现男子汉气概。经过不断的广告宣传，美国西部牛仔这种代表着具有不屈不挠的男子汉精神的形象植根在广大消费者的心中。万宝路由此在人们心中牢固树立起了"哪里有男性，哪里就有万宝路"的品牌形象。

万宝路在味道上与其他香烟之间的差异微乎其微，为什么有这么多人偏爱万宝路呢？主要是基于牛仔和红色所赋予万宝路的品牌魅力：万宝路的包装和广告所赋予万宝路的形象已经像服装、首饰等各种装饰物一样成为人际交往相关的标志，万宝路的真正口味也因此依附于这种广告所创造的美国西部牛仔形象之上，并构成人们购买万宝路的动机。

在不同文化背景下成长的消费者，对同一事物或现象有不同的看法，甚至会有全然相反的看法。基于这一点，万宝路在中国香港电视上的广告形象就不再是美国西部牛仔，而变成了年轻、洒脱、在事业上有所成就的牧场主。在广告宣传上，重点放在"美国销量第一"这一信息上，并提出万宝路"希望给您一个多姿多彩包罗万象的动感世界"。在中国大陆，电视上的万宝路广告：山丘、树林、海滨、沙滩，在优美的音乐中伴随着出现一幅豪迈策马纵横的情景。在日本，它的广告形象则是一个日本牧童：在没有现代技术的情况下征服大自然，过着一种田园般诗意的生活。

万宝路经历了一个从销量平平、每况愈下到世界销量第一的转变过程。从这一转变过程中可以看到，树立产品形象极为重要，它几乎决定着企业的兴衰。

问题：

1. 在不同时代背景下，为万宝路不同地域的消费者寻找合适的品牌形象。
2. 请你遵照烟草行业宣传禁忌要求，寻找合适的方式对万宝路进行宣传推广。

第七章 公共关系礼仪

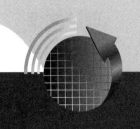

知识目标

1. 理解公共关系礼仪的基本含义和原则
2. 掌握商务交往中各种礼仪规范
3. 掌握外事来往中各种礼仪规范

能力目标

1. 能够在商务交往中适当运用各种礼仪
2. 能够在外事来往中适当运用各种礼仪

任务7

时间过得很快，已经到了年尾，马上就是一年一度的恒大有限公司年会。企业准备邀请大客户和合作伙伴进行庆祝。请公关部门设计一个活动方案，并负责这次活动的接待、会谈和宴请活动。同时，在这个活动上，根据此年度公关部门实习人员的表现，恒大有限公司也将宣布公关部门业务经理的名单和合格的公关人员名单。

任务要求

公关礼仪的策划和实施。

任务实施步骤

1. 小组讨论，制定一份接待、会谈和宴请备忘录。备忘录具体标明接待的时间、地点、接待人员等事项以及会谈和宴请的时间、地点、座次安排、会谈内容的准备等。
2. 对每一项接待、会谈和宴请的环节的基本礼仪要求，要作详细说明，保证任务的圆满完成。
3. 整个过程要认真、细致，所有工作要事事有着落，事事有人管。

成果形式

以工作小组为单位，撰写一份恒大年会庆祝活动公关策划和实施方案。

理论知识

礼仪对国家、集体和个人都至关重要。公共关系礼仪对一个社会组织公共关系活动的开展有着举足轻重的作用。公共关系礼仪贯穿在每一个活动环节中，尤其是在会面、接待、交谈、就餐及礼品等方面，遵循公共关系礼仪是成功开展各项公共关系活动的基础。所以，作为一名合格的公关人员，必须熟练掌握各种礼仪。

第一节 公共关系礼仪概述

"礼仪"一词，最早是由法语 Etiquette 演化而来的。在法国，将"法庭纪律"印在一张长方形的通行证上，发给进入法庭的每一个人，作为其进入法庭后必须遵守的规矩和行为准则。后来，"礼仪"就引申为"人际交往的通行证"。今天，对公关人员来说，礼仪仍是一种"通行证"，熟悉各种礼仪，对于交往的成功具有重要作用。它不仅是社会文明程度的重要标志，更是精神风貌、人员素质以及公共关系水平最基本、最直接的体现。

一、公共关系礼仪

（一）公共关系礼仪的涵义

公共关系礼仪是一个社会组织在与其公众交往时所遵循的礼仪规范。它不是某个个人或某个部门的行为规范，而是整个社会组织的行为规范。也就是说，人人都是公关人员。

（二）公共关系礼仪的作用

现代社会竞争非常激烈，关系异常复杂，每个社会组织只有遵循公共关系礼仪，灵活运用各种人际交往的技巧、方法，妥善处理社会组织与各类公众的关系，营造一个宽松、和谐的社会环境，才能争取到更多公众的信任、理解和支持，才能内求团结、外求发展。

（三）公共关系礼仪的运用原则

1. 全员公关原则

一个社会组织要想在公众的心目中树立起良好的形象，就必须上上下下都参与公关活动，必须意识到自己的一言一行不仅反映了个人的学识、修养、风度，而且也代表了他所在的社会组织。

2. 真诚友善原则

礼仪的本质就是表达人们之间的相互尊重和友善，只有真诚、友善才能真正赢得公众的信赖和支持，才不致使礼仪变成虚伪的过场和形式，从而达到双赢的目的。

3. 面面俱到原则

常言道"礼多人不怪"，这句话用在公共关系礼仪上也是很贴切的。一次失礼就可能导致整个公共关系活动的失败，绝不能忽视礼仪失当对公共关系和组织形象的消极影响。

二、社交方式

社交方式不胜枚举，最常见的有接待、拜访、宴会、舞会、庆典等。

1. 接待

接待包括办公室接待、电话接待以及迎送接待。

2. 拜访

拜访包括办公室拜访和家庭拜访。

3. 宴会

宴会是一种典型的社交活动,按规格可分为国宴、正式宴会、便宴、冷餐会、酒会、茶会、工作餐和家宴。

4. 舞会

舞会是一种文明、高雅、轻松、愉快的社交方式,既是一种艺术享受,也可扩大交往,所以深受欢迎,也称交谊舞会。根据规格不同,可分为大型舞会和小型舞会。

5. 庆典活动

庆典活动多种多样,主要包括开业典礼和剪彩仪式。

第二节 商务交往礼仪

公关人员每天都要和各种各样的公众打交道。对于外部公众而言,公关人员就是组织形象的化身。因此,公关人员必须注重日常交往礼仪,特别是初次见面时的礼仪和通讯联络礼仪,以期给公众留下良好的印象。

一、见面与介绍礼仪

在人际交往中,初次见面留给人的第一印象至关重要。它不但在很大程度上影响着双方的此次交往,往往还会影响到以后的交往。因此,必须重视见面礼仪。

见面礼仪主要包括称呼、问候、介绍、握手以及交换名片等。

(一)称呼

称呼虽然很短,但是它反映了对交往对象的尊重和熟悉程度,也体现了个人的修养、风度,所以不可忽视。在公共关系活动中,一般应使用正规称呼,体现出对被称呼者的谦恭与敬意,同时兼顾年龄、性别以及文化差异。特别是与国际友人初次见面,在不了解其年龄、婚姻状况时,对女性不可贸然以"夫人"相称,而应称"女士"或"小姐"。

(二)问候

问候又称问好和打招呼。问候的基本礼仪有以下几点:

① 热情友好。主动打招呼,起身站立,迎向对方,面含微笑,目视对方。

② 内容适当。问候的内容因地域、文化、对象及关系不同而各异。

③ 讲究顺序。两人见面均应主动问候,但"位低者先行"的做法更合乎常规。如一人与多人见面,可由尊而卑一一问候,也可统一问候。

(三)介绍

介绍是社交活动的开始。它能缩短人们之间的距离,能帮助扩大社交圈子,加快彼此间的了解。介绍的礼仪如下:

1. 介绍时的仪态

有礼貌地平举右手掌示意,且眼神要随手势指向被介绍的对象,而不应伸出食指指指点点,或眼手不协调,显得心不在焉。

介绍人和被介绍人都应起立,介绍完后,被介绍的双方应微笑点头示意或握手致意,并说"您好""幸会"等客套话。在宴会桌或会议桌上也可略欠身微笑、点头。

2. 介绍的顺序

正式介绍应遵循国际惯例,即把年轻者介绍给年长者、把身份低的介绍给身份高的、把未婚者介绍给已婚者、把男士介绍给女士。总的原则是把别人介绍给具有优先了解权的人。商业性介绍和集体介绍可按宾客的座位顺序逐一介绍。

3. 介绍的内容

介绍的内容要真实、简洁,介绍前最好有"请允许我来介绍一下"等导入词。介绍时最好能找到双方的某些共同点并加以阐明,介绍后不宜马上离开,以免双方尴尬。

4. 自我介绍

如果希望结识某人而没有人给介绍,可进行自我介绍。自我介绍要选择恰当的时机,不可贸然打断别人的交谈。自我介绍更应简洁,只需报清自己的姓名、身份、单位等基本情况即可。

(四)递接名片

① 递送名片时,应面带微笑,注视对方,将名片上的字正对着对方,用双手的拇指与食指分别捏住名片上端的两角呈送给对方。站立递送时,上身呈15°左右鞠躬状;如果坐着,也应起立或欠身递送。递送时同时致以礼貌用语,如"我叫×××,这是我的名片,请您收下"。如果是互递名片,可用右手递送,左手接取。

② 接取他人名片时,同样用双手,并道声"谢谢"。接过名片后应认真地轻轻地念一遍,以示尊重。切忌接过名片看也不看,信手一丢,更不可把名片放在桌子上,将杯子、文件夹等东西压在上面。保管名片应用精致名片夹,名片夹应放在西装左胸内侧口袋内或放在公文包内。

③ 索要名片要委婉客气,如果收到别人的名片而自己没有名片或没带名片,应致歉并说明理由。

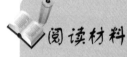

李嘉诚这样的大腕还给宾客发名片

李嘉诚在2002年创办了长江商学院,专门培养工商管理人才。某一年的长江CEO班会集了冯仑、马云、郭广昌、牛根生这些国内的知名人物们。按照学院的安排,高级班的学员们有幸能到香港做客,参加李嘉诚的宴请。能够见到华人世界的超级大哥,学员们都很激动。不过大家事先也都想象过,李嘉诚这样的大人物肯露面就很不容易了,说好一个小时的会面人家只来十分钟也有可能。可李嘉诚的做法真的颠覆了学员们的认识。

在学员们心目中,大人物总是会姗姗来迟的,可是李嘉诚却早早抵达,还站在电梯门口迎接大家。

正当学员们受宠若惊的时候，李嘉诚又做了一件让大家大跌眼镜的事情。他给参加宴会的人一一发放了自己的名片。在大伙心目中，以李嘉诚今日的身家地位，早就用不着以名片来介绍自己了，可70多岁的李嘉诚做起来仍非常自然。

 二、交谈礼仪

交谈是人际交往最基本也是最重要的形式。无论是接待、拜访，还是聚会、谈判，都离不开交谈。交谈是交流思想和表达感情最直接、最快捷的途径。在人际交往中，因为不注意交谈的礼仪规范而导致交往失败或影响人际关系的事时有发生。美国哈佛大学前校长伊立特曾经说过："在造就一个有修养的人的教育中，有一种训练必不可少，那就是优美、高雅的谈吐。"可见，掌握交谈艺术是何等重要！

（一）语言交谈

交谈自然离不开语言。语言分为口语和书面语，在此，指的是口语。口语又分为有固定含义的有声语言和无固定含义的有声语言两种，本书中把它们称为"正语言"和"副语言"。

1. "正语言"交谈

"正语言"交谈就是以语词符号为载体，利用声音一个渠道传递信息，从而实现沟通的过程，总体要求是做到语言文明、语言礼貌和语言准确。

（1）语言文明

要做到语言文明，就要尽量使用文雅词语，不用粗话、脏话、黑话、荤话等不雅词语。

（2）语言礼貌

交谈时使用礼貌语言是做人的基本常识，也是博得交往对象好感与体谅的最为简便易行的做法。礼貌语言很多，包括问候、迎接、拜托、致谢、征询、应答、赞赏、祝贺、推托以及致歉用语等。特别是"您好""请""谢谢""对不起""再见"这几个"魔语"更应多用。

（3）语言准确

语言准确包括发音规范，尽量不用方言土语，用词正确，少用生词，避免使用似是而非的语言。另外，还应去掉"口头禅"，控制音量和语速。

2. "副语言"交谈

"副语言"又称"类语言"，是交流过程中一种有声但无固定含义的语言，通俗地说就是"说话的声音"。副语言分为两种情况：其一是伴随有声语言的体现而出现的声音特征，如停顿、重音、快慢、语调等；另一种是表意的功能发声。如笑声、哭声、呻吟声、叹息声、咳嗽声、哼声、啧啧声、掌声等。在交际过程中，类语言的巧妙运用能收到很好的表达效果。

周恩来总理的妙语外交是十分出名的。有一次，他与国民党代表进行谈判。在这期间，周总理敏捷的思维、犀利的言辞使对方深陷绝境，于是，国民党代表恼羞成怒，说同我方谈判是"对牛弹琴"。这时，周总理灵机一动，接过话茬，巧用停顿，当即回敬过去："对！牛弹琴。"绝妙的口才使敌人理屈词穷，瞠目结舌。

叹气往往伴随一些叹词而产生，并因声调的不同、音长的差异、轻重的变化而表达出不同的情感。如"他啊，哼，真是太好了"这句话表面上看是表达的肯定与赞美，可其中加了个"哼"字，表达时运用曲折调对"太好了"拐着弯拖长音，意义就变成讽刺的了。

（二）非语言交谈

非语言交谈主要是指配合语言表达的表情、动作和体态。人们往往称其为"无声语言"或"姿态语言"，它作为特殊的交流信号，在人际交往中有十分重要的意义。美国心理学家艾伯特·梅拉比安曾经提出一个公式：

$$信息的全部表达 = 7\%的语言 + 38\%的声音 + 55\%的表情、动作、体态$$

当然这并非是一个精确的公式，但由此可以看出，"无声语言"在信息传递（尤其是在交谈）中有着非常重要的作用。它是人们用以传情达意的一种主要辅助工具。因此，公关人员必须了解并熟练掌握。

1. 表情

人的面部表情包括眼、眉、嘴、面部肌肉的变化等。面部肌肉的收缩或舒展也是感情的自然流露。如笑逐颜开是心情愉快的表现；而蹙额锁眉是忧虑不安的反应；板着脸则说明心里不高兴。面部表情有多种多样的变化，很难作统一规定。不能按照一个刻板的模式去做，一切要自然流露，但决不意味着可以放任。人是有理智的，要学会控制，按照不同的社交场合加以处理。面部表情运用得当，会使你与交谈对象之间的心理距离靠近甚至消失，从而可以更好地进行交流。

首先，"眼睛是心灵的窗户"，眼睛是五官中表情最丰富、最重要的。交谈不是单方面的授予行为，说者和听者的态度都可以从眼神中反映出来。比如，眼睛长时间平视对方，表示尊敬和重视；眯眼看人可能表示饶有兴趣、高兴，也可能表示轻视；双眼突然睁大，可能表示疑惑或吃惊，等等。

其次，眉毛也会"说话"。如挤眉表示戏谑；横眉表示鄙视；竖眉表示愤怒；低眉表示顺从等。

再次，嘴巴的表现力仅次于眼睛。嘴巴的感情基本通过口型变化来体现：惊愕时张口结舌；忍耐时咬紧下唇；微笑时嘴角微微上翘等。

最后，鼻子虽然表情较少，而且大多数用来表示厌恶之情，但用得适当也能使话语生色。愤怒时鼻孔张大，鼻翼翕动，都能使内心的感情表达得更为强烈。

在这当中，最常用的综合表情是微笑，它是人际交往中的"世界通用语言"，是人们表达愉快感情的心灵外露，是善良、友好、赞美的象征。美学家认为，在大千世界万事万物中，人是最美的；在人的千姿百态的举止中，微笑是最美的。恰当适度的微笑再配上优雅的举止，往往比有声语言更有魅力，可以收到"此处无声胜有声"的效果。

2. 动作

动作包括手、腿、头部等的动作。各种不同的动作表达不同的信息。

在动作"语言"中，手是传情达意最有力的工具，得体适度的手势可以增强感情的表达，能在交际和服务中起到锦上添花的作用。另外，由于习俗不同，手势的含义也各有差异。如拇指与食指合圆，其他三个指头张开，在说英语的国家表示"OK"，即同意、赞成；在日本表示"懂了"；在法国表示"没有"或"零"；在韩国表示"金钱"；在突尼斯表示"无用"或"傻瓜"；在我国和其他一些地方表示"三"或"零"。再如"V"形手势，手掌向外，英、美国表示"胜利"；在希腊则表示对人不恭；在我国则表示数字"二"。还有伸出大拇指，在我国表示"好""了不起"，是夸奖、称赞之义；在意大利表示数字"一"；在希腊，拇指上伸表示"够了"，向下表示"厌恶""坏"；在英、美、澳大利亚等国这种手势有三种含义：一是搭便车；二是"好"；三是如果拇指用力挺直就有骂人之意。

> 小贴士：常见的手势及其所传达的信息
> (1) 双手紧握在一起，显示精神紧张。
> (2) 双手指尖相合，形成"教堂尖塔"形，显示充满自信。
> (3) 用手敲打桌面或在纸上涂画，显示不耐烦。
> (4) 搓手，显示的意义是有所期待、跃跃欲试。
> (5) 摊开双手，显示真诚和坦率；如果摊开双手，耸耸肩，表示无可奈何、无能为力。
> (6) 不自觉地用手摸脸、摸鼻子、揉眼睛，是说谎的表现。
> (7) 突然用手把没抽完的烟捻熄，是下定决心的表现。
> (8) 坐着把手放在大腿上，显示镇静。

除了手部动作外，在人际交往中，腿部的动作也会常常不自觉地表露出人的潜在意识。如小幅度地抖动腿部、频繁地交换架腿的姿势、用脚尖或脚跟拍打地面、脚踝紧紧交叠等，都是紧张不安、焦躁、不耐烦等情绪的反应。

另外，在人际交往中，最常用的头部动作是点头和摇头。在大部分地区，点头表示"是"或"肯定"；摇头表示"不"或"否定"；头倾向一边表示有兴趣；低垂着头表示负面的态度，甚至是责难。

总之，身体的各个部分都有着特定的动作，可以传递一定的信息，只要平时多加观察，便能掌握个中的奥妙。

3. 体态

体态包括人的各种静态的姿态（如站姿、坐姿、睡姿、蹲姿、俯姿等姿态）以及仪表。其中，与人际关系比较密切的是坐姿和站姿，不同的坐姿和站姿可表现出不同的信息。

(1) 站姿

缺少自信、消极悲观、甘居下位的人站立时往往弯腰驼背；充满自信、乐观豁达、积极向上的人站立时总是背脊挺得笔直，有时还会把双手插在腰间；关系友好，有共同语言的两个人自然地并肩站在一起；关系亲密的两个人面对面站立的距离会很近；相反，有隔阂、意见分歧的两个人面对面站立时则会自然地把距离拉大。

(2) 坐姿

挺着腰笔直的坐姿，表示对对方和谈话内容有兴趣，也是一种对人尊敬的举动；而弯腰驼背的坐姿是对谈话不感兴趣或感到厌烦的表示。

(3) 仪表

仪表也是肢体语言中重要的组成部分，不仅能传递一个人的文化素养、知识程度、品格情操、身份地位等信息，还能反映习俗和民族文化等特征。公关人员仪表的原则是：整洁、端庄、得体、高雅。

（三）聆听艺术

在任何谈话中，所有的参与者都同时是发言者和倾听者，有效的沟通始于真正的倾听。国外有句谚语"用十秒钟的时间讲，用十分钟的时间听"。听，一方面可以从交谈对象那里获得必要的信息，领会谈话者的真实意图；另一方面也是尊重他人的表现。因此，作为一名合格的公关人员，应充分重视听的功能，讲究听的方式，掌握聆听艺术。

1. 专注有礼

在听对方谈话时，应目视对方，以示专心。这不仅是对他人的尊重，而且也是了解对方意图的需要。因为要真正了解对方，只听还不够，还要注意说话者的神态、表情、动作、姿态以及语调、语气等非语言符号。

2. 耐心认真

不轻易打断对方，要尽量让对方多说，耐心认真地听完。不论对方表达能力欠佳、语言寡味，还是听到与自己不一致的观点或自己不感兴趣的话题，抑或是产生强烈共鸣，都不能贸然打断对方而插话或做出其他举动。如果真有必要打断，也应适时示意并致歉后再插话，插话不宜过长，随后要请对方继续讲下去。

3. 呼应、鼓励

强调注视对方，认真耐心地听，并不是说聆听者完全是被动地、默默地听。当对方的见解高人一筹，让自己心悦诚服，与自己不谋而合；或是为了引导、支持、鼓励对方畅所欲言，应以微笑、点头等动作及时地表示对对方的肯定。也可适时插入一句话，如"嗯""对，是这样""真的吗""请你讲得具体点"等，表明你不但注意倾听，而且饶有兴趣。

（四）公关交谈礼仪及技巧

1. 创造良好的交谈氛围

第一，积极创造和选择谈话环境。环境是交谈氛围的物质基础，如果可能的话，要根据谈话主题和目的，提前布置交谈环境。通过安排灯光、摆设、座位等，创造良好的谈话氛围。

第二，谈话者之间距离适中，根据与交谈对象的交往程度以及个人习惯等来调整距离。

第三，谈话态度应该友好、诚恳。参与者的态度直接影响交谈的氛围和沟通的效果。只有友好、诚恳，才能顺利、深入地交谈。

第四，寒暄应该热情、大方。"万事开头难"，交谈一般从寒暄开始。寒暄不仅是一种必不可少的客套，而且可以为交谈作情绪和感情上的铺垫。成功的寒暄可以迅速缩短双方的心理距离，调节气氛，增进交流。因此，寒暄时应尽量表现出谦恭、大方、热情、平等的态度。

2. 选择恰当的交谈内容

从某种意义上讲，能否选择好谈话主题往往从根本上决定着谈话的格调及其成败。

一般来说，在人际交往中，宜选的话题主要有以下几类：既定的话题；高雅的话题，如文学、艺术、哲学、历史、地理、建筑以及收藏等；轻松的话题，如文艺演出、体育比赛、电影电视、旅游观光、名人轶事、流行时装等；时尚的话题，如台湾问题、国企改革、上网聊天、股市动荡等；共同感兴趣、擅长的话题。

同样，在人际交往中，以下几类话题是应该避免涉及的：个人隐私，如个人收入、实际年龄、家庭婚姻、健康状况、商品价格、所忙何事以及本人住址等，均不宜主动谈及；刁难捉弄话题；非议他人的话题，谈及这个话题表明自己是一个惯于拨弄是非的人；令人反感的话题，如交谈对象的个人缺陷、伤心往事、凶杀、灾祸、死亡、疾病、挫折、失败等。

3. 谈话中适时礼让对方

首先，不要独白。交谈最忌讳一方自以为是，滔滔不绝，借题发挥，以炫耀自己，完全忽视他人。要尽量让对方多说话。

其次，不要冷场。与自吹自擂相反，有些人因为性格内向或缺乏信心，交谈中沉默寡言，使谈话陷入僵局。

最后，不要当面否定。如果不是大是大非问题，不要当面否定对方，更无必要伤和气。

4. 音量适中，语调温和

交谈的声音不要过高，以免影响他人；但也不宜太低，应让在场的人听清楚。声音柔和，语气、声调平和沉稳。

5. 要借助肢体语言来增强表达的效果

特别是用关注的眼神和微笑的表情来表明自己的友好和尊敬的态度。

阅读材料
华人首富李嘉诚："超人"的超级沟通之道

香港才女林燕妮早年曾开过广告公司，但在她开广告公司初期，由于没有客户，经营十分艰难，在公司陷入窘境无力自拔的时候，她鼓起勇气，提前预约到长实集团，拜访大名鼎鼎的李嘉诚。那时候的广告市场是买方市场，只有广告商有求于客户，而客户丝毫不用担心有广告无人做。这样，自然会滋长客户尤其是大客户颐指气使、盛气凌人的态度。

但令林燕妮想不到的是，当她带着公司业务员第一次去李嘉诚公司联系广告业务的时候，李嘉诚竟然预先派了穿公司制服的男服务员在一楼电梯门口等他们，然后引领他们上楼。

来到楼上，他们才发现李嘉诚先生竟然已经在等着他们。见他们到来，李嘉诚热情地迎上前来，亲切地与他们握手。由于那天下雨，林燕妮身上的衣服被雨水打湿了，李嘉诚见了，便待她脱下外衣后，亲手接过，转身挂在衣帽钩上！

李嘉诚作为一个资产雄厚的企业大老板，面对人微言轻、上门招揽生意的广告公司小老板，完全可以居高临下，甚至不予理睬，但他没有这样做，而是在约定时间派下属在电梯门口等候，并且还亲自接待，像一个训练有素的服务员一样殷勤地为对方挂衣服，其热情的处事风格、谦恭的态度，无一不体现出他对人的尊重和关怀。而这些，在与人交际中是难能可贵而且十分奏效的！

李嘉诚忠告：不为五斗米折腰的人，在哪里都有；你千万别伤害别人的尊严，尊严是非常脆弱的，经不起任何的伤害。

与人沟通，最忌讳居高临下、颐指气使。李嘉诚无论是对残疾学生，还是对"取经"的内地企业家，甚至对拉广告的业务人员，都保持着谦恭的态度，这不仅是一种低调做人的姿态，更是一种沟通智慧！

地低成海，人低成王。伟大的人，尽管功成名就，也往往会保持一颗谦卑的心；而越是把自己放得低的人，往往也越容易成功。

三、就餐礼仪

（一）组织宴会的礼仪

1. 确定宴请的目的和对象

先确定宴请的目的，再根据宴请目的决定邀请哪些人。先确定主宾，然后确定其他客人。宴请人数一般为偶数，主客双方身份应对等，避免邀请平时有积怨、有矛盾者同时赴宴。

2. 确定宴会的规格

宴会规格一般应考虑出席者的最高身份、人数、目的、主人情况等。规格过低会显得失礼；规格过高则无必要。

3. 确定宴会的时间和地点

宴会的时间和地点应根据宴请的目的和主宾的情况而定。一般来说，宴请时间不应与主宾工作、生活安排相冲突，通常安排在晚上6～8点。同时，还应避开宾客的禁忌日。宴请地点应根据交通条件、宴会规格、主宾喜好等情况而定。

4. 确定菜单

确定菜单最重要的是坚持"主随客便"的原则，要对来宾特别是主宾的口味、禁忌、健康等情况心中有数。对客人的个人禁忌、民族禁忌、宗教禁忌等一定要予以充分重视。另外，特色菜（本地特色、民族特色、本店招牌菜等）是首选的菜肴。

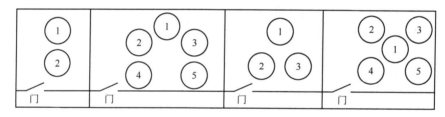

图 7-1　中式宴会桌次安排

图中①为主桌

图 7-2　中餐宴会8人桌席位安排

1号位是主宾，2号位是副主宾，其他依次类推

5. 确定宴会的桌次和席位

桌次和席位的排列主要依据礼宾次序、客人间的关系、语言沟通与兴趣、习惯等而定。桌次安排以主桌为基准，主桌安排主宾，其他各桌也要主、客穿插安排。根据国际惯例，主桌一般位于厅堂正中或远离门口正对入口处或背靠讲台的位置。其他座次以离主桌远近而定，一般遵循"近高远低、右高左低"的原则。席位安排也要按照"面门为主""由近而远""右高左低"的原则安排。一般来说，主人与副主人应相对而坐，男女穿插安排，主宾与副主宾分别坐在主人与副主人的右侧。常见的桌次、席位安排如图7-1和图7-2所示。

6. 提前邀请宾客

宴请对象、时间、地点确定后，就应制作、分发请柬，以便被邀请者有充分的时间对自己的日程进行调整和安排。宴会前1周，最好能与被邀客人再联系一次，以作最后确定。

7. 主人应迎候宾客

宴会当天，主人应提前在宴请地点迎候，并准备足够的休息厅，准备茶水、饮料，以便提前到来的客人得到更周到的照顾。当主人陪同主宾进入宴会厅时，所有宾客入座，宴会即准备开始。

（二）参加宴会的礼仪

1. 注意仪表服饰

出席宴会前，最好梳洗打扮一番，衣着干净得体、精神饱满、容光焕发地去赴宴。

2. 按时出席宴请

一般客人提前3分钟左右，身份高的可以晚一点到达。迟到是一种失礼的行为。

3. 问候致谢

到达宴会场所后，首先向在门口迎接来宾的主人问候，表示谢意。西方人的习惯，应先向女主人问候，再向男主人问候，随后向其他人问候。

4. 入座礼仪

按主人或招待人员的指引到自己的座位上就餐。应从自己的座位左侧入座，女士的坤包应放在身体与椅子靠背之间。如果你的邻座是女士、年长者或身份高者应主动为其拉开椅子。

5. 餐桌礼仪

入座后，坐姿应端正。脚踏在本人座位下，不可随意伸直，不要两腿晃动，不能用双手托腮支于桌面或将双手前臂平放于桌子上，可把手放在膝上或椅子扶手上。不要东张西望，也不要急于翻动菜单或摆弄餐巾、餐具，否则都会有失风度。

6. 餐间礼仪

主人打开餐巾时，即表示宴会开始。客人应随着打开餐巾并将其摊于腿上。宴会开始前，如果主人敬酒，客人应起立与之干杯。在宴会上干杯，只要举起酒杯就应目视对方并致意。主人或主宾致祝酒词时，客人应暂停进餐或交谈，注视祝酒者并认真倾听。主桌未敬酒，其他桌的客人不可先起立或串桌敬酒。敬酒时，杯沿比对方杯沿略低，以表敬意。用餐时应着正装，不要脱外套，更不可中途脱外套。就餐动作应文雅。吃饭、喝饮料时都不能发出太大的响声。如汤太热，可用汤匙慢慢地舀一舀，等稍凉后再一口口喝，切忌对着汤吹气。当吃带骨、带刺的食物时，不要直接外吐，应以餐巾或手掩口，用手或筷子取出放在小碟里。剔牙动作要文雅。

在宴会上，每个人都应照顾他人，并与他人交谈。最好称赞菜肴味美，烹调技艺精湛，并道谢。离席时，除主人赠与的纪念品外，宴席上的任何东西都不能顺手拿走。告辞时，主人送至门口，主、宾致意道别。

7. 西餐宴会的一些规矩

第一，刀、叉、汤匙的使用。一般用右手持刀，左手持叉。喝汤时用右手执汤匙，向外一勺勺舀。按刀叉顺序由外向里取用。每道菜吃完后，将刀、叉并拢平排放在盘子上，以示吃完；如未吃完，则交叉摆放或呈"八"字摆放。吃肉饼、煎蛋或沙拉只用叉子不用刀。

第二，餐巾的使用。进餐时把餐巾铺在双膝上，中途离席时应把餐巾放在椅子上，吃完后把餐巾放在桌子上。餐巾只能用于擦嘴，不能用于擦脸，更不能用于擦汗。用餐巾或餐巾纸擦餐具、酒具等用品是极不礼貌的，是对主人的不信任。

第三，不要误饮洗手水。在筵席上，上鸡、龙虾、水果等时，有时送上一小水盂（或瓷碗或水晶玻璃缸），水上漂有玫瑰花瓣或柠檬片，供洗手用，不要误以为是饮料。

四、礼品礼仪

俗话说"礼轻情意重"，礼品在人们的交往中起着不小的作用。自古以来，人们就用"赠礼"的方式，来表达相互的祝贺、敬意、友谊、爱情、感谢、慰问等，它是以语言文字表达情义一种辅助形式，也是一种表达友好和敬意的重要方式，有利于促进友好关系的发展。在组织与公众的交往中，公关人员需要进行一些礼品服务，增进组织与公众的感情交流，并通过礼品服务扩大宣传范围和宣传效果，能给公众留下长久的印象和深刻的记忆，有利于组织形象的巩固和提高。礼品既然能起到这样的作用，一定要经过精心的选择，具有一定的分量和特色，能反映出组织与公众的友好关系，所选的礼品要投其所好，具有人情味，才能取得预期的效果。在选择礼品时，要因时因地因人而异，根据公共关系活动的目标，选择有纪念意义、能起宣传作用的特色礼品，并根据所送礼品的对象、组织的经济实力量力而为，选择适当的并不一定贵重的礼品。组织可以根据设计的视觉识别系统加以运用，印制出组织富有特色同时又宣传组织统一形象的礼品及包装物。

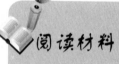

如何选择商务礼品

M公司是一家精细化工及生化试剂公司，行业的领导者地位使其对礼品的要求非常之高。在年度会议中，M公司又一次陷入了选择商务礼品的难题中，企业采购者一再表示希望选购的礼品既能够营造年度会议的氛围，又具有使用的便捷性，能够成为居家生活与办公生活的双重必备。因此，比较倾向可以大面积印制企业LOGO的杯类产品。但企业方对杯类产品也有一些顾虑，担心采购的杯具安全性能不过关，影响到使用者的健康。

为此，M公司特对产品进行了严格的考核。当竞标的礼品一个个铩羽而归时，某品牌红瓷杯却因为对细节的把握，对品质的高要求，以及FDA的食品安全认证而获得肯定，成为M公司的最终选择。

在经济全球化，国际交往越来越频繁的当今时代，除了国家领导人之间互赠"国礼"外，还有很多国家间、政府间、组织间赠送礼品的情况，这时赠送的礼品还要注意各国的文化差异、民族信仰、风俗习惯甚至法律，避免引起不必要的误会。

送礼"好手"撒切尔夫人就曾因为疏忽而犯过一个不小的错误。1989年，她送给法国总统密特朗一本英国作家狄更斯1859年撰写的小说《双城记》，本意是为了赞美密特朗的文学修养，但忽略了小说的内容。这部小说把法国大革命时期的暴力和恐怖同当时英国生活的平静作了比较，所以密特朗对此毫不领情，且大为不满，好在问题并不严重，也无伤大局。

肯尼迪在访问印度前夕，美国白宫的礼宾官为总统准备访问时送给印度高级官员的礼物，她选定了几张肯尼迪总统的照片，附有总统的亲笔签名，并配以刻有总统印章的镜框，这本是一件很好的礼物，但就是它差一点毁了美国总统为友好而进行的印度之行。这个照片的镜框是用高级牛皮做的，将这样的礼物送给奉牛为圣物的印度显然是不合适的，幸亏及时发现、更换，才没有酿成大错。

国际间赠送的礼品不一定是很贵重、价值连城的，一般选择那些能够表达本国对他国尊重、友好的礼品，通常是送有纪念意义和本国特殊文化的礼品。1972年，美国总统尼克松访华，打开两国关系正常化的大门，那次中国政府赠送给美国的是世界珍稀动物、中国的国宝大熊猫玲玲和欣欣，表达了中国人民对美国人民的友好，起到了非常好的效果，一下子就拉近了两国人民之间的感情距离。2013年3月，习近平主席偕夫人彭丽媛出访俄罗斯、非洲三国时，在克里姆林宫，习近平与俄总统普京互换国礼。习近平所赠国家级非物质文化遗产沈绣精品《普京总统肖像》，令普京赞不绝口。在参观坦桑尼亚妇女与发展基金会时，习近平主席夫人彭丽媛送出了"阮仕珍珠"和"百雀羚"护肤品。

第三节
外事往来礼仪

随着我国改革开放的进一步深入，特别是加入WTO之后，国际间的交往会越来越频繁，形式也会越来越丰富。外事往来形式多样，主要有迎送、会见、谈判、签字、宴请、舞会、文艺演出、参观游览、各种庆典等。

一、维护国家利益，严肃外事纪律

在涉外交往中，每一个中国人都要明确地意识到自己在外国人眼里代表着自己的国家，代表着自己的民族，代表着自己的组织。因此，在涉外交往中，既要遵守国际规范，讲究外交礼仪，又要维护国家尊严，态度从容，雍容大度，不卑不亢。对外商及公众的合理要求应尽量满足，也应尊重其工作和人格，但这种满足和尊重必须以维护我们的国格、人格为前提。对蛮横无理、以势压人的行为，必须坚决反对。企业在对外宣传中，应特别注意体现国家与民族的进步与发展，尤其是改革开放以来，我国各族人民在各行各业所取得的举世瞩目的成就，要让世界各国了解中国，使他们认识到中国企业的经营活动具有坚实后盾和良好的环境保证，进而对中方企业产生良好印象和合作热情。

涉外工作人员应当自觉遵守我国的法律、法令和有关外事政策、纪律，不要随意同外国人交谈或谈及我国内部不向外公布的消息，以免泄露党和国家机密。严禁公开示意或暗示对方赠予礼品。对外国人出于友好馈赠而不便拒收的纪念品或礼品，可以收下但必须由专人负责登记清单，向上级有关部门汇报，并按规定处理。

二、严格遵守礼宾次序

所谓礼宾次序是指国际交往中对出席活动的国家、团体、人士的位次按某些规则和惯例进行排列的先后次序。它体现了东道主对宾客所给予的礼遇，表现了东道主对各国来宾的礼貌和尊重。因此，礼宾次序的问题是极为敏感的。在国际交往中应当不分大国、小国、强国、弱国、贫国、富国，一视同仁。

（一）常见的礼宾次序排列方法

1. 按宾客的身份与职位高低排列

2. 按字母或宾客姓氏笔画顺序排列

多数国家以英文字母排列，也有用其他语种的字母顺序排列的。我国国内一般用姓氏笔画由少到多排列。

3. 按通知代表团组成的日期先后排列

这种方法有三种情况：第一，东道国对同等身份的外国代表团可按派遣国通知东道国该代表团组成的日期先后排列；第二，按照派遣团决定应邀派遣代表团参加该活动的答复时间先后排列；第三，按照各国代表团抵达活动地点的时间先后排列。

一般来讲，礼宾次序的排列往往不只用一种方法，可几种方法交叉，还应考虑其他因素，如国家之间的关系、活动的性质与内容、对活动所作的贡献、参加活动者的资历和威望、宗教信仰、语言交流、风俗习惯等等。但是，不管采用何种排列方法，东道国在致各国的邀请信中均应加以具体注明。

（二）各种场合的礼宾次序要求

1. 一般社交场合

在社交场合约定俗成的做法是：右为贵，左为贱。

两人同行，以前者、右者为尊；三人同行，并行以中间为尊，前后以前者为尊。

坐车时，位低者应请尊者由右边上车，然后自己再从车后绕到左边上车；下车时，先从左边的车门下车，然后再从车后绕到右边为尊者打开车门。

迎宾引路：迎宾时，主人走在前面；送客时，主人走在后面。

在室内，以朝南或对门的座位为尊位。

2. 重大宴会礼宾次序

国际上一般习惯于桌次高低以离主桌位置远近而定，主宾或主宾夫人应坐在主人右侧。

在我国按客人职务、社会地位来排次序；外国习惯男女穿插安排，以女主人为基准，主宾在女主人右方，主宾夫人在男主人右方。

3. 会见、会谈的座位安排

（1）会见座位的安排，可以是宾主各坐一方，也可以是宾主穿插而坐。

一般由中方组织的会见座次这样安排：主宾、主人席安排在面对正门位置，客人座位在主人右侧，记录员和译员各坐于宾、主后面；客方随员依礼宾次序在主宾一侧入座，主方陪见人员依次在主人一侧就座。纵观全场座次呈半圆状，如图7-3、图7-4。

（2）会谈座位的安排，可以根据会谈形式是双边会谈还是多边会谈而定。

双边会谈，一般应使用长方形或椭圆形的桌子，宾主相对而坐。如图7-5所示，面向正门为上座，由客人来坐，背对正门为下座，由主人来坐，主人与主宾应在各自一方的正中间。译员坐在主谈人右侧，其他参加人员按一定顺序坐在左右两侧，记录员坐在后面。有的国家把译员也安排在后面。会谈席位的高低确定（如图7-6所示）：如果会谈桌的一端对着正门，以进门方向为准，右为客方，左为主方。

举行多边会谈时，见图7-7所示，把座位摆成圆形或正方形，无尊卑之分。

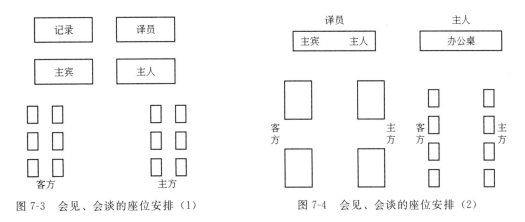

图 7-3　会见、会谈的座位安排（1）　　　图 7-4　会见、会谈的座位安排（2）

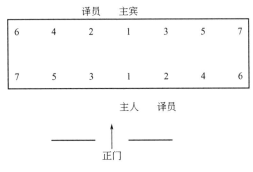

图 7-5　双边会谈座位安排

图 7-6　双边会谈席位高低安排　　　图 7-7　多边会谈座位安排

4. 签字仪式的场地布置及座位安排

各国签字仪式的场地布置及座位安排不尽相同。大致有以下三种形式：

第一，签字厅内设一张长方桌作为签字桌，如图 7-8 所示，桌后放两把椅子为双方签字

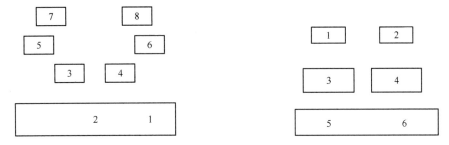

图 7-8　签字仪式场地布置及座位安排（1）

1—签字桌；2—双方国旗；3—客方签字人；
4—主方签字人；5—客方助签人；6—主方助签人；
7—客方参加签字仪式人员；8—主方参加签字仪式人员

图 7-9　签字仪式场地布置及座位安排（2）

1—客方签字人；2—主方签字人；3—客方国旗；
4—主方国旗；5—客方参加签字仪式人员；
6—主方参加签字仪式人员

人员的座位，主在左，客在右。座位前摆的是各自保存的文本，上端分别放置签字文具，中间摆放一个旗架，悬挂签字双方的国旗。

第二，厅内设两张方桌为签字桌时，如图7-9，双方签字人员各坐一桌前，小国旗挂在各自的签字桌的旗架上，参加仪式的人员坐在签字桌的外面。

第三，厅内设一长方形签字桌时，如图7-10，双方参加仪式的人员坐在签字桌前方两旁，双方国旗在签字桌后面。

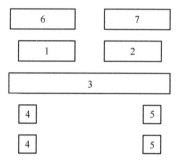

图7-10 签字仪式场地布置及座位安排（3）

1—客方签字人；2—主方签字人；3—签字桌；4—客方参加仪式人员；
5—主方参加仪式人员；6—客方国旗；7—主方国旗

三、外事迎送礼仪

（一）确定迎送规格

迎送外宾的规格，通常依据来访者的身份、访问的性质和目的、国际惯例以及两国间的关系等而定。主要迎送人员通常要同来宾的身份相当。万一当事人不能出面，可灵活变通，但要主动向对方作出解释。

（二）把握时间，早作准备

为顺利迎送客人，迎送人员必须准确掌握来宾乘坐飞机（火车、船舶）的抵离时间，如有变化，应及时告知。由于天气变化等意外原因，飞机、火车、船舶可能不准时，迎送人员应早作准备，在客人抵达之前到达机场、车站或码头，决不能出现让客人等候的现象。

（三）迎送礼节周到、恰当

（1）在安排迎送人员时，一定要比例适当。人过少显得不热情、不礼貌；人过多则无必要。

（2）热情欢迎，主动作介绍。

（3）预先安排好汽车，预订房间，并有专人协助办理出境手续及机票（车、船票），以及行李提取或托运手续等事宜。

（4）外宾抵达后，一般不要马上安排活动，应给外宾留下充足的洗漱、更衣和休息的时间。迎候人员可暂时离去，走前应告诉外宾下一步的活动计划，并征得其同意。此外，还要留下主人的电话号码，以便为其提供及时的帮助。

（5）在为外宾送行时，应在外宾临上飞机（火车、船舶）之前，按一定顺序同外宾一一握手话别。飞机起飞（火车、轮船开动）之后，送行人员应向外宾挥手致意，直至飞机（火车、轮船）在视野里消失时方可离去。否则，外宾一登上飞机（火车、轮船）送行人员立即离去是很失礼的。尽管只是几分钟的时间,却很可能因小失大。

四、充分尊重外宾的风俗习惯

在涉外活动中,一定要尽可能多地了解交往对象的风俗习惯,特别是宗教信仰、民族禁忌等,要无条件地予以尊重。

如:与印度人交往时,就必须对印度教教徒忌食牛肉、忌用牛皮制品、忌讳弯月图形、忌以左手与人相握等特有的讲究表示尊重。

又如,西方人忌讳"13",认为星期五也不吉利,所以绝对不能在13日或星期五这一天邀请西方人做客。

日本人忌讳"4",因为他们认为"4"是"死"的谐音。给日本人送礼物最好是奇数,如三、五、七等。

五、与外国人交往要遵循"不必过谦"和"女士优先"的原则

(一)不必过谦

在待人接物方面,中国人一般讲究含蓄和委婉,主张自谦,甚至还会有意自贬。在许多情况下,外国人特别是尊重个性的西方人往往认为这是缺乏自信、为人虚伪或者"的确如此"。所以在涉外交往中一定要注意不必过谦。如在进行自我介绍时一定要肯定自身长处;在寒暄应酬时,千万不要说什么"瞎忙""混日子"或"没干什么正经事"的话,否则会让人认为你不务正业,无所事事;面对赞美,应大大方方说声"谢谢"。向外宾赠送礼品或设宴款待时,不要说"实在拿不出手""没有认真挑选""没什么好菜"等,而应说明是经过精心准备的或特意为他准备的,以便令其觉得备受重视。

(二)女士优先

在国际交往中,"女士优先"是一项很重要的礼仪原则。如,问候时一定要先问候在场的女士;见面、道别时,让女士居于主要位置;向多人施礼时,必须以女士优先;就座、交谈也要特别照顾女士;在女士面前吸烟一定要首先征得女士的首肯;与女士一起外出、上下楼梯等也令女士居于尊位,还要主动帮助女士携带较为沉重或难拿的行李物品等。

思考题

1. 结合实际,谈谈微笑在社会交往中的作用。
2. 女士怎样婉拒男士的邀舞?
3. 在接待礼仪中,陪车有哪些讲究?
4. 你了解哪些民族禁忌和宗教禁忌?
5. 在聆听他人说话时,有哪些注意要点?
6. 请画出双边会谈时场地布置和座位安排。

拓展训练

训练1 作为一名电话接待员,如何接听一个正在发脾气的客户的电话?
训练2 作为一名慈善晚宴的负责人,在宴会方面要做好哪些准备工作?

案例分析

案例1 聚餐犯禁忌

某全国酒会上，宾客如云，发生了这样三件事：

事件一 当地一位名流和他的母亲也光临盛会。主持人在致欢迎辞时特别提到："某某老夫人的光临使我们感到荣幸。"不料，"老夫人"这个"老"字却触痛了这位名流的母亲，当时她脸色遽变，十分尴尬，从此再也不在相关的聚会上露面。

事件二 A公司的赵总看到了久闻大名的B集团的刘董事长。晚餐会上，赵总主动上前作自我介绍，并递给了对方一张名片。刘董事长接过名片，马马虎虎地用眼睛瞄了一下，放在了桌子上，然后继续用餐。

事件三 宴会开始时，桌上一位青年职工对一位老同志说："老王，你多吃菜，来，我敬您一杯。您跟我们不一样，我们今后聚餐的机会多得很，可您老是吃一顿少一顿……"老王脸色煞是难堪，旁边几位同事忙用眼色示意小伙子住口，可是这位青年仍未领悟过来，仍然自以为潇洒地说："我这是真心实意地敬您啊，自我进单位以来，您给了我不少帮助。喝一杯吧，再不喝恐怕就没有机会了。"此时，老王脸色苍白，起身拂袖而去。

问题：

请你从礼仪的角度分析以上三个事例。

案例2 有效的介绍信

某公司经理对他为什么要录用一个没有任何人推荐的小伙子时如是说："他带来了许多介绍信：他神态清爽，服饰整洁；在门口蹭掉了脚下带的土，进门后随手轻轻地关上了门；当他看见残疾人时主动让座；进了办公室，其他的人都从我故意放在地板上的那本书上迈过去，而他却很自然的俯身捡起并放在桌上；他回答问题简洁明了，干脆果断。这些难道不是最好的介绍信吗？"

问题：

1. 经理话中的"介绍信"指的是什么？
2. 这些"介绍信"介绍了小伙子哪些优点？
3. 小伙子在应聘中遵守了哪些礼仪规范？

参 考 文 献

[1] 翟向东. 中国公共关系教程. 北京：中国商业出版社，1994.
[2] 金正昆. 社交礼仪教程. 北京：中国人民大学出版社，2002.
[3] 张映红. 公共关系管理. 北京：首都经济贸易大学出版社，2002.
[4] 熊源伟. 公共关系学. 合肥：安徽人民出版社，1990.
[5] 谢伦灿. 即兴说话艺术. 北京：石油工业出版社，2000.
[6] 王思忠. 礼仪基础知识. 上海：华东理工大学出版社，1997.
[7] 苏伟伦. 百分百零距离公关. 北京：中国纺织出版社，2001.
[8] 李兴国. 企业公共关系实务. 北京：中国商业出版社，1994.
[9] 段淳林. 公共关系学. 广州：华南理工大学出版社，2002.
[10] 刘景源. 公共关系学概论. 北京：化学工业出版社，1996.
[11] 李道平. 公共关系学. 北京：经济科学出版社，2002.
[12] 李柠. 公关艺术. 北京：高等教育出版社，1996.
[13] 查灿长. 公关实务与案例分析. 青岛：青岛出版社，1994.
[14] 编写组. 公关员职业培训与鉴定教材. 上海：复旦大学出版社，1999.
[15] 赵晓兰. 最新公共关系学教程. 北京：经济管理出版社，2001.
[16] 陶勤海. 企业形象设计. 上海：立信会计出版社，2001.
[17] 李兴国. 公共关系实用教程. 北京：高等教育出版社，2000.
[18] 徐立新. "好色重味"的宝洁. 公关世界，2011，（12）：52.
[19] 周旭. 企业形象策划与设计. 长沙：湖南大学出版社，1999.
[20] 陈观瑜. 公共关系教程新编. 广州：中山大学出版社，2005.
[21] 李道魁. 公共关系教程. 成都：西南财经大学出版社，2003.
[22] 叶茂康. 公共关系写作教程. 上海：复旦大学出版社，2003.
[23] [美] 马可尼. 公共关系实践与案例. 赵虹君，魏惠琳译. 北京：电子工业出版社，2008.
[24] 唐钧. 公共部门的危机公关与管理：政府与事业单位的危机公共关系解决方案. 北京：人民大学出版社，2007.
[25] [美] 西泰尔. 公共关系实务. 潘艳丽等译. 北京：清华大学出版社，2008.
[26] [美] 巴斯金. 公共关系：职业与实践. 第4版. 孔祥军等译. 北京：人民大学出版社，2008.
[27] [英] 奥利弗. 企业传播原则、方法与战略. 谢新洲，王金媛译. 北京：北京大学出版社，2005.
[28] [英] 奥利弗. 战略化公共关系. 李志宏译. 北京：中国市场出版社，2008.
[29] 纪华强，杨金德. 公共关系的基本原理与实务. 厦门：厦门大学出版社，2007.
[30] 余明阳. 公共关系策划学. 北京：首都经济贸易大学出版社，2006.
[31] 张锡东. 公共关系实用教程. 北京：清华大学出版社，2008.
[32] 陈晖. 公共关系理论与实务. 北京：北京理工大学出版社，2006.
[33] 杨丽萍. 公共关系理论与技巧. 北京：高等教育出版社，2005.
[34] 王玫，王志敏. 公共关系理论与实务. 北京：中国林业出版社，2007.
[35] 何伟祥. 公共关系原理与实务. 第2版. 大连：东北财经大学出版社，2006.
[36] 张亚. 公共关系与实务. 修订版. 北京：科学出版社，2006.
[37] 王瑅. 公共关系原理与实务. 第2版. 北京：中国劳动出版社，2006.
[38] 宋常桐. 公共关系与现代礼仪. 第2版. 北京：清华大学出版社，2007.
[39] 齐小华，殷娟娟. 公共关系案例研究. 武汉：武汉大学出版社，2009.
[40] 沈瑞山. 公共关系实务. 南京：南京大学出版社，2009.
[41] 李东，王伟东. 公共关系实务. 北京：北京大学出版社，2012.
[42] 张亚主编. 公共关系：原理与实务. 北京：北京理工大学出版社，2009.
[43] 吴东泰，张亚主编. 实用公共关系学. 北京：北京交通大学出版社，2007.
[44] [美] 迈特拉，阿尔提格著. 公关造势与技巧：通向21世纪的桥梁. 欧阳旭东译. 北京：中国人民大学出版社，2005.
[45] 中国国际公共关系协会编. 最佳公共关系案例. 北京：中国市场出版社，2009.
[46] 芝麻开门，凡客达人，将"口碑营销"系统化. 公关世界，2012，（07）：62-63.
[47] 韩爱群. 一次建设型的公关活动——解读普瑞温泉文化节. 公关世界，2005，（05）：15-16.
[48] 张锐. 国际知名企业市场调查"圣经". 经理日报，2005年6月17日. 第A03版.
[49] 马利民. 记者眼中的警察"公关"艺术养成 探访开江县公安局公共关系办公室. 法制日报，2008-12-15.